棄民世代

當國家拋棄我們，
我們該如何面對未來？

棄民世代
政府に見捨てられた
氷河期世代
が日本を滅ぼす

《下流老人》作者
藤田孝典 *Fujita Takanori*

黃姿頤——譯

前言

你的人生是否依著計畫正順利地前行？你是否已經擁有兒時嚮往的生活和工作，或早已實現夢想？當你回首過往，是否覺得已過著沒有遺憾的人生？

當然每人腦中的回答都不盡相同。因為人生是自己的，如何評價與回顧，還有如何面對今後的人生，應該都是個人的自由。

但是有些世代卻會被別人指指點點——認為你應該要再次改造你的人生。

「你的人生失敗了，所以需要協助，應該要再造。」

「你們這個世代有許多人人生都是失敗的，所以是需要進行人生再造策略的第一個世代。」

如果你聽到這番話，心裡會作何感想？

是不是有很多人會火冒三丈地想著「少耍白癡了」、「別開玩笑了」、「管太寬了吧」。或許也有人回想自身的境遇感嘆著，「啊～是這樣的啊」、「真的是如此啊」，只能自認人生失敗但也只有繼續生活下去。

不論是屬於哪一種情況，竟有一個國家的政府特別去定義某一個世代，還以泰然自若的語調傷害這個世代族群的尊嚴。這個國家就是日本。

所謂的再造，一如字面的意思，是指再次改造，但沒有失敗就不會需要再造。簡而言之，這個世代被斷言為是某種失敗，所以被封上這樣的稱號。當然，失敗的主體和主詞似乎直指的都是這個世代的當事人，而不是指政府。

不用多說，這個世代指的正是就職冰河期世代[1]，而他們現在也的確有許多人屬於困難的社會階層，之中或許有很多人即便承受鄙視的目光、聽到支持人生再造的論調，也只能點頭默認。

即使如此，但是為何人生一定要被再造？為何需要被政府點名並且被強制接受？

更何況政府至今是否曾真誠地對這群人伸出過援手？

日本政府在二〇一九年四月十日舉行的第五屆經濟財政諮詢會議，將就職冰河期世代改稱為「人生再造第一世代」，制定了大約需要三年時間、能集中提供支援的專案。似乎政府這次想表現真心伸出援手的態度。

而且政府覺得就職冰河期世代的名稱不佳，所以才有「人生再造第一世代」的更名方針。

其實，我自己本身也是屬於這個世代的一份子，身處在人稱就職冰河期世代的後段，一邊看著學長辛苦的身影，一邊摸索著大學畢業後的出路、與朋友的交流和生活的方法。

即便和現在的大學生談論此事，他們或許也無法理解，不過我的學長和同屆的朋友，有幾位在求職過程中，多次未能應徵上工作，還沒找到工作就罹患了憂鬱症。連現

註1 就職冰河期世代是指，日本在泡沫經濟破滅後，就業困難的時期求職的世代，一般普遍認為這段時間是一九九三～二〇〇五年。

在相對容易以正式職員應徵進入的企業，當時也有人不得不以委託員工、約聘員工、派遣員工的身分進入。換句話說，這是一個就業極度困難的世代。這也是他們被稱為就職冰河期世代的原因，甚至新聞媒體也都不斷訴說著他們悲慘的命運與不幸。

正因為如此，為了克服不幸和悲慘的命運，現在他們成了「人生再造第一世代」的當事人，接受政府的指示回首過去的人生。我當初從報導得知政府的方針時，對這個過於愚蠢的名稱，只能報以訕笑，不過政府似乎是認真提出這項方針。我雖覺得事情可笑，但仍然無法相信。

首先，歷史上從未有任何一個世代被政府提議人生再造。政府認為需要集中支援這個世代的想法很好，但是「應該再造」的對象，難道不是政府至今的方針嗎？

老實說我內心裡充斥的聲音是：「在催促努力不懈的人們人生再造之前，何不先再造你們的政策」。這話包括身為當事人感到絕望的心情，甚至湧現因為政府的態度，我們才會嘗盡苦頭的憤怒。

當然，這或許也是因為深切感受到政府缺乏能力直接面對非正式僱用率增加、少子化、窮困、貧富差距加大、經濟低迷等日本社會所抱持的課題。

一如我的預期，從社群網路的迴響來看，這項方針被就職冰河期世代反彈，大家的反應與我相同。而且政府這項應該再造的政策，未免也推行得太晚了吧？就職冰河期世代的前段都將年屆五十歲，這更讓人感覺為時已晚。

對於這個世代的苦楚，政府不僅欠缺感同身受的態度，更令人愕然的是政府單方面更改名稱的粗暴行徑。從這一連串的行動，令人深深感到這個世代早已遭到拋棄，單方面更改名稱的作法甚至可說是棄民的象徵。

說得極端些，如果一籌莫展的政府，以在上位者的角度將我們重新更名為「人生再造第一世代」，那麼我們就成了「棄民世代」。且這就似乎是在說你們從未受到重視，自始至終就是遭政府和社會拋棄的世代。

後面將從政府認為我們需要再造的觀點，來敘述這個世代有甚麼樣的遭遇，以及是如何被政府和企業拋棄。現在我會先開始敘述本書想喚醒的問題意識，並且一起探討因為這些棄民，社會將受到多大程度的傷害。

本書談論的棄民世代這個詞定義如下：

棄民世代主要指的是一般被稱為就職冰河期世代的人，他們不論是僱用還是社會保障，都未受到政府或企業的照顧，因此這個世代的人終其一生都得面對低薪、生活貧困、單身、繭居等社會問題。這個世代面臨的困難並不是求職時期短暫的瓶頸，而是持續一生的困頓。此外社會不但沒有採取相應的對策，還表現出「放棄」也無所謂的態度。

本書的編排為：序章和第一章中將利用詳細的數據，來說明棄民世代的過去與現在實際的狀態。這些將呈現出他們工作、生活的環境有多艱難等實際的樣貌。

第二章將談到棄民世代的未來與未來的圖像。主要從社會保障制度等角度來看，或許就能理解這個世代一生面臨困難的苦楚。

第三章將綜觀政府提出的新政策「就職冰河期世代支援專案」，並且站在批判的觀點探討內容。我們想檢討這項專案與過往政策有何不同，或者仍舊只是政府政策的再造？

第四章將檢討究竟是甚麼樣的社會結構和僱用結構，造成棄民世代的誕生。此外，下一個世代也承接了從棄民世代開始的各種變化，也同樣感到就業困難、生活艱辛，這更加顯示一個事實，需要再造的主體是政府、企業和社會結構。

第五章將具體提出棄民世代深陷的危機、事件、現象，同時也想確認所謂「需要支援」真正的意義是什麼。棄民世代已窮途末路到對社會持刀相向，我也將站在維持社會安定的角度，反映他們的真實狀態。

第六章將提及較少受到矚目的合作社組織的運作等，檢討棄民世代生存的其他選項。我們想先提出執行的多樣化與可能性，與同世代的人一起思考、行動，以不依靠政府與企業的生存方式，創造出工作的場所和生活的場域。

目次

第三章

第四章 是誰催生了棄民世代——135

第五章 棄民世代將使日本走向滅亡——165

序章

何謂「棄民世代」

「生命線」統計資料透露的端倪

一開始先提供大家一份衝擊性的數據，這也是促使我寫這本書的動機。

有些團體會對心中煩惱無處可訴，痛苦難耐甚至想自殺的人，透過電話或電子郵件免費提供人生諮詢，預防這群人自殺。

代表性組織有「東京自殺防止中心」和「大阪自殺防止中心」，這些是國際組織「國際防止自殺協會」的日本分部，而「國際防止自殺協會」是全球最早開始以電話提供人生諮詢的組織。其他還有一九七一年成立，最早在日本透過電話提供人生諮詢協助的「生命線」。

負責「生命線」的社團法人「日本生命線電話聯盟」，將日本全國諮詢者的電話內容依照年齡別、問題別區分統計，並且將這份統計資料刊登在社團法人的官方網站中。從這裡我們可以解讀到一個令人玩味的事實。

「生命線」在二〇〇八年共計收到七十二萬五千八百五十七件的諮詢（男性為三十六萬七千一百九十九件，女性為三十五萬八千六百五十八件），其中六萬四千四百八十八件有自殺傾向，也就是說，有這麼多人明顯表現出一種不論自殺形式，「想一死百了」的心情。

接著以年齡別來看這一年的諮詢件數，件數最多的年齡層為三十歲，這個年齡層的諮詢者有十六萬七千八百二十人（男性為八萬七千九百一十一件，女性為七萬九千九百零九件），約相當於整體的二三％。這年齡層中有自殺傾向的人也有一萬七千七百三十一人，約占整體有自殺傾向者的二七％。從這份資料我們可以窺探到，這個世代的煩惱相對於其他年齡層更為嚴重。

但是，在十年後的二〇一八年，取得的統計中出現了令人意外的結果。這一年「生命線」從三十歲年齡層收到的諮詢為十萬三千八百四十五件，其中有自殺傾向的為一萬兩千三百四十三件，占整體諮詢件數六十二萬七千四百七十五件（男性為三十萬九千五百六十五件，女性為三十一萬七千九百一十件，有自殺傾向為六萬八千三百九十八件）的比例約為一六．五％，明顯大幅下降。

取而代之的是，四十歲年齡層成為這一年的最高占比，收到的諮詢件數為十四萬八千八百一十六件（其中有自殺傾向的為一萬九千三百七十三件），占整體的二三．七％，占整體有自殺傾向者的比例也有約二八．三％，可以看出這群人依舊抱持著沉重的煩惱。

從二〇一六年起「生命線」也會透過網路提供諮詢，在二〇一八年的統計中，二十歲年齡層占三一．六％，三十歲年齡層為二三．一％，四十歲年齡層為二一．三％，較少使用電話諮詢的年輕世代比例在網路占比反而提高。此外郵件諮詢總數只有一千六百一十八件，和電話諮詢相比，件數明顯較少，並不會影響結果。

從以上敘述我們可以看到，在二〇〇八年「最煩惱」的世代，即使過了十年，他們仍是「最煩惱」的世代，狀況持續不變。

這個世代是在泡沫經濟崩盤、求才求職比低於一的一九九三年到二〇〇五之間畢業的世代，也就是在二〇二〇年的現在，年紀正好落在三十歲後半到五十歲左右的世代，他們至今仍被稱為「就職冰河期世代」又或是「迷惘的一代」（Lost Generation）等，這意味著他們是「失落的世代」。

本書的目標在統整這個世代的過去和現在，並思考他們的未來。只是本書大膽將這個世代稱為「棄民世代」，而不是（就職）冰河期世代，也不是迷惘的一代。我自己也覺得這個名稱帶有強烈的攻擊性，或許連當事人或其家人中也有人感到不快。儘管如此，我仍抱著被罵的覺悟，大膽地冠上這個稱號，這是由於我認為再不這樣提示，很難讓大家真正理解這個世代面臨的問題有多嚴峻。

「（就職）冰河期世代」這個稱呼裡隱藏的意涵是，這個世代特有的不幸只是在於在他們出社會的二十歲前後無法獲得正職人員的工作，換言之，他們只是在這場人生的賽道中「偏離賽道」，只要讓他們重回賽道就好。但如果這個解讀是指冰河期世代問題是二〇〇〇年代的「年輕人問題」還說得過去，如今他們大半都已是中年人，這樣的解讀不過是看小了問題。

自民黨和公民黨兩黨的聯合政權從二〇二〇年四月起就表明，政府將執行「就職冰河期世代支援專案」，針對冰河期世代提供為期三年的集中支援，並發表相關計畫。不過如同本書第三章所詳述的，即便推出這項專案，也是站在如前所說的看小了問題的角度。因此眾多措施只不過變成一種「不在場證明」，實際效果令人質疑。

雖然給他們加上「棄民世代」的名稱，可能會令人感到殘酷，讓人覺得這個世代已經很難用符合期望的形式提供救助，是一個為社會所拋棄的世代，或是「早已來不及的世代」，但是要大家有正確的認知，才可能讓情況有所轉圜。

我擔任NPO法人「HOT PLUS」的代表理事，以埼玉縣埼玉市為據點進行活動，對於生活困頓的人或無以為家的人，還有其它在社會上處於弱勢的人給予支援。以下引用的內容，出自於二〇一五年出版的拙作《下流老人》的第一章，由我親筆寫下，傳達透過這些支援行動我實際結識的高齡者與他們的境遇。

——請試著想像一下。

早上，在微亮的天色中醒來。從窗簾縫隙灑進的陽光映照著充滿灰塵、衣服和傳單四處散落的三坪大房間。身體感覺相當沉重，無法隨意移動。花了十五分鐘，好不容易從滿布斑點的污穢棉被中起身，洗了把臉。從鍋裡裝了一些昨天的剩飯來吃，還吞了許多藥。因為有痼疾，所以一定要吃藥。但是，藥錢很貴，沒辦法經常上醫院，所以，把拿到的藥分成一半來吃。

吃完早飯、換好衣服之後，走向位在自家附近的公園，在那裡的長椅上度過一天。年輕學生和帶著孩子的一家人經過眼前，沒人跟他說話。沒有孩子，配偶也在幾年前去世了，和親戚也沒有聯絡，甚至不知道對方現在在哪裡。

傍晚回到家裡，以預先買好的廉價米和一道便宜的小菜打發晚餐。若偶爾奢侈一點，大概也就是吃同為廉價商品的切壞的水果盤。為了省電不開電燈，只有電視的光亮。上個月，存款開始低於二十萬日圓，雖然有年金可拿，但並不夠用。再這樣繼續下去，只要幾個月存款就會全部用光，不知道以後該怎麼辦。

晚上九點，早早就鑽進棉被裡。安靜的房間中只有時鐘秒針發出的聲響。心裡偶爾會想：「快來接我吧。」然後，再度入眠。（出自《下流老人》，藤田孝典著）

我如此一五一十地描繪了高齡者生活困頓、活在孤獨環境的現實。結果拙作《下流老人》獲得的反響，遠超乎我這個作者本身的想像。但我不得不殘酷地說一句，現在年屆中年的就職冰河期世代，等到十五至二十年後成為高齡者時，所面臨的未來圖像將比現在的下流老人更為晦暗。

年金制度在保障高齡者所得中扮演重要的角色。按照日本的年金制度，國民年金的給付水準不高，即使是現在就已存有很大的問題。我很常見到一種狀況，在職時期一直都是自營業或沒有被正式僱用的人，很多人在老後，因為年金金額低，容易落入生活困頓的窘境。另外，即便是在企業任職、加入厚生年金[1]的高齡者，當在職時期的薪資獎金較低時，厚生年金的給付金額也會變低。日本現在的僱用狀況，非正式僱用者依舊較多，實際薪資也沒有提升。整體而言在低薪資的勞動環境中，狀況難以獲得改善。

現在日本高齡者的貧窮率（相對貧窮比率）為一九．四％，與其他各國相比也屬於較高的水位，且我預期一旦冰河期世代成為了高齡者，這個數字即使高達約三〇％一點也不奇怪。

論。

這是為什麼呢？我將在第一章和第二章一邊參考客觀的數據資料，一邊繼續談

註1－厚生年金類似於台灣的勞保。只要長期受雇於企業，企業就有義務幫員工投保這項保險，保費由企業主與員工各分攤一半。滿六十歲後即可領回，另外在發生職災無法工作，或被保人死亡等情況下也可申請領取補助金。

第一章

從數據資料得出的就職冰河期世代的過去與現在

究竟何謂冰河期世代

在談論冰河期世代等於棄民世代之前，讓我們先參考日本總務省統計局編製的相關資料，來簡單回顧一下冰河期世代是一個甚麼樣的世代。

就職冰河期世代雖然沒有一個明確的定義，但是大約是指一九七一年至一九七四年的團塊二代和一九七五年至一九八四年的後團塊二代。這個世代的人口，男性約一千一百七十萬人，女性為一千一百四十萬人，共計約兩千三百一十萬人。此外，二〇一八年時日本的工作年齡人口（十五至六十五歲）為七千五百四十五萬人，在日本面臨人口減少時代的衝擊下，冰河期世代約占工作年齡人口的三成，為占比較多的世代。然而，這個世代從高中或大學畢業即將邁入社會之時，正遭逢泡沫經濟崩盤後日本企業徵才緊縮的時間點。尤其一九九三年至二〇〇五年之間的求才求職比跌破一，一九九八年時新的求職求才比甚至來到〇．九倍的低點。

另外，日本的失業率在一九八九年之後到一九九二年間，男女幾乎都持平在二．〇％左右。然而從一九九三年至二〇〇三年左右約十年的時間，失業率持續急速攀

總人口（2018年）

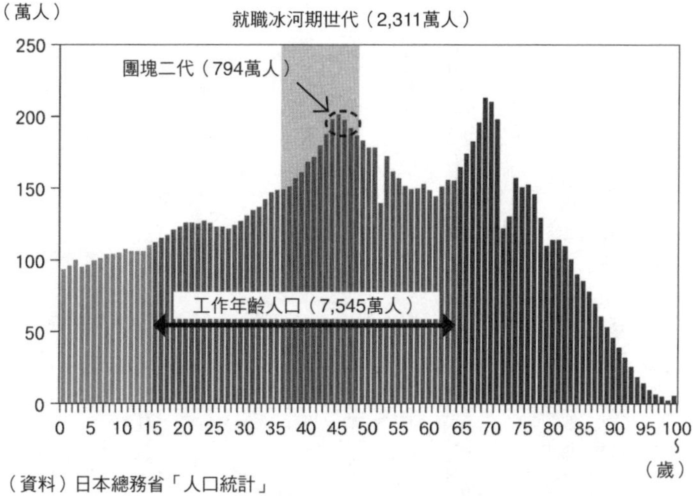

（資料）日本總務省「人口統計」
（註）截至2018年10月1日的時間點。世代統計時未考慮因生日造成的年齡誤差。
（資料來源：日本綜合研究所〈就職冰河期世代的實況與需對應的方向〉）

失業率與求才求職比

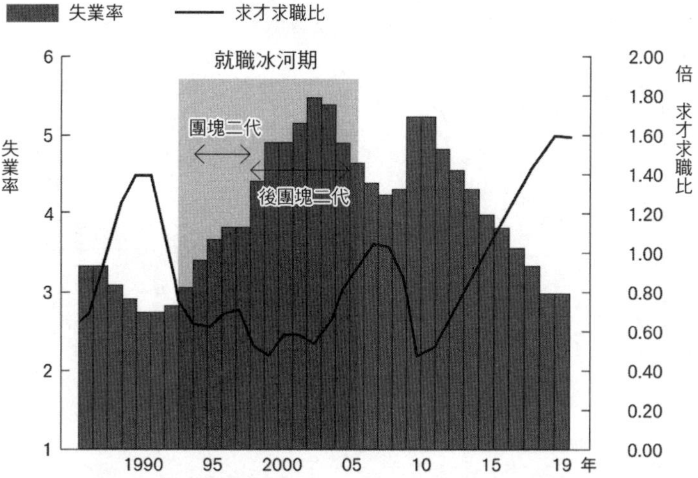

（資料來源：參考日本總務省〈勞動力調查〉與厚生勞動省〈職業安定業務統計〉資料編制）

升，尤其在一九九八年以後，年輕男性的失業率大幅地提高。二〇〇三年的男性失業率達到自一九六八年統計以來的最高值十一．六%。

因此，一九九三年至二〇〇四年這段期間，每年有八萬人到十二萬人淪落到從高中或大學畢業卻無法就職的狀態（以二〇一九年四月十日向日本經濟財政諮詢會議資料提出的數值為基礎）。

大量的年輕失業者無法就職為正職員工，就這麼釋放在社會中，成為飛特族[1]，或是因派遣制度自當

非正職者的比例（15～24歲）

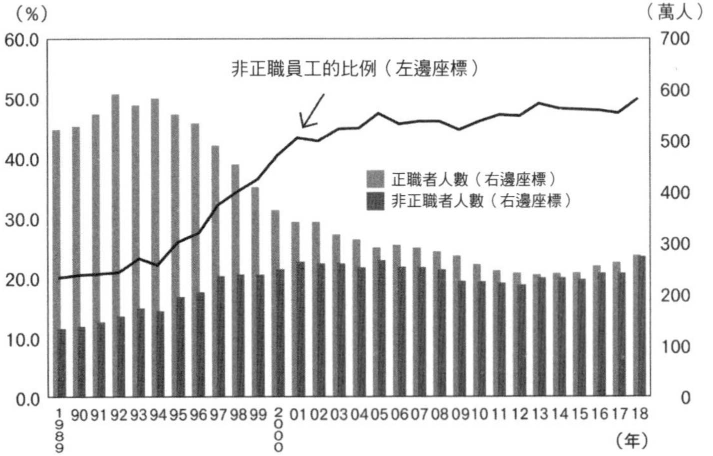

（註）2001年以前為每年2月的統計結果。
（資料來源：日本總務省統計局）

時起管制正式鬆綁，被僱用為非正職員工。

日本一九八五年制定的《勞動派遣法》，一開始只許可十三項專門業種的勞動者能夠派遣，但是一九九六年卻將許可業務放寬至二十六項業種。甚至到了二〇〇四年，因應產業界要求將直接僱用的人事成本極低化，更急速放寬範圍，也對製造業的派遣予以解禁。這樣等於政府和企業界聯手壓低勞工薪資，以年輕人的未來為籌碼交換企業的經營。

右圖將十五至二十四歲的受僱者分成正職者，以及非正職者，並且顯示兩者的人數和後者的比例。如圖中顯示，一九九〇年中期以後，正職者顯著減少，相反的，非正職者持續增加，一九九四年非正式僱用率為二二・二％，過了十一年後的二〇〇五年已大幅增加至四七・七％。實際上，就業的年輕勞動者幾乎半數都已成為非正職

註1─飛特族（freeter），一九九〇年代之後，日本社會上出現許多青年，從學校畢業以後不投入正式工作，遊走職場，只在缺錢或有需要的時候，才到便利商店、餐廳或是加油站打工，可說是職場的邊緣人。日本社會稱這群對於生涯規劃消極且缺乏堅持力的自由工作者為「飛特族」。

者。

然後，非正式僱用分布的年齡層並不只限於十五至二十四歲。根據日本總務省〈勞動力調查〉（二〇一九年）顯示，應為企業主力的二十五至三十四歲年齡層，非正式僱用比例正持續增加。三十五頁的圖示顯示了各年代非正職者占整體勞動者的比例。二十五至三十四歲年齡層的非正式僱用率近年呈現持平，但是到了就職冰河期世代時，上升率提高。比較一九九九年和二〇〇四年就更為明顯，不論男女都呈現異常增加的紀錄。

冰河期世代大多都是非自願屈就於非正職工作，這個狀況晚至二〇〇八年左右，終於擺在其他世代的眼前。

在這一年的六月發生了俗稱的「秋葉原殺人事件」，當時和我同為一九八二年出生的二十五歲青年，在東京秋葉原的十字路口無差別殺害了十七名路人。事件過後，這名青年引人關注的事包括，犯案前一直是一名在汽車製造廠工作的派遣員工，但是派遣公司已告知他派遣契約將於犯案當月的六月中止，以及他擁有正式職員的經驗卻

非正職者占整體勞動者的比例

女性

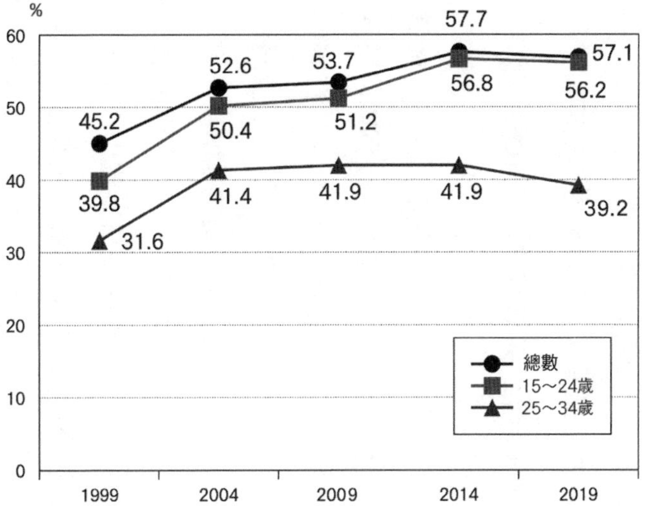

男性

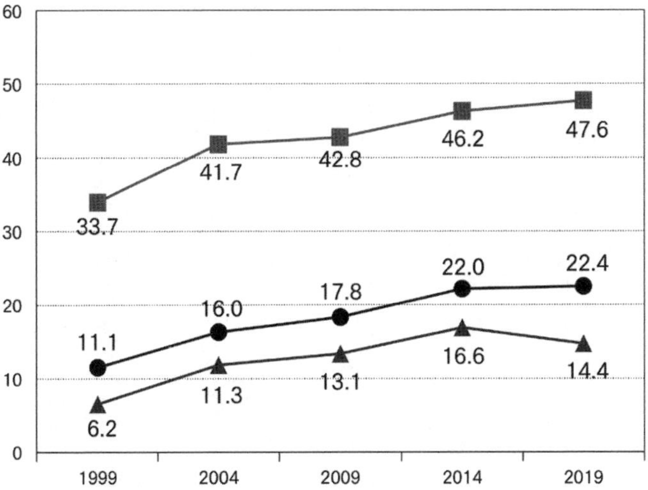

（作者根據日本總務省〈勞動力調查〉所編製）

輾轉於非正職的工作間，還有朋友少，個性不擅於建立人際關係等。

另外，因為十一月爆發雷曼兄弟金融海嘯，世界經濟局勢墜入急遽衰退，各製造業經營方針一致轉為減產，並且大量停止僱用勞動派遣人員，此一「派遣中止」[2]為社會帶來了問題。

由於上述各種情況而被「派遣中止」的勞動者們當然也包括多數的冰河期世代。支援貧窮問題的許多團體、工會等，將這些人聚集在緊急開設在東京日比谷公園的「過年派遣村」，此一景況正逢跨年，也被新聞媒體大肆報導。

或許這樣的事件報導太令人印象深刻，所以直到現在冰河期世代等同非正式勞動者的形象，仍普遍烙印在社會大眾的腦海。

非正式勞動者不一定都是冰河期世代

發生「秋葉原殺人事件」、派遣中止和「過年派遣村」的二〇〇八年之後的十年間，冰河期世代的就業勞動狀況有什麼樣的改變呢？

將二〇〇八年時冰河期世代的非正職者人數與十年後的二〇一八年比較，二〇〇八年的冰河期世代（當時二十五至三十四歲的世代）中，正職者為九百一十六萬人，非正職者為三百一十五萬人。

到了二〇一八年時正職者為九百一十五萬人，這個數據幾乎沒有變化。相反的，非正職者增加為三百七十一萬人（請參照三十八頁的圖表）。

不過再仔細看看，其中男女差異之大令人無法忽視。男性的資料顯示，正職者從六百一十萬人增加為六百三十七萬人，多了二十七萬人。相對於此，非正職者從一百零一萬人降低為六十五萬人，減少了三十六萬人，這十年間正式僱用有一定程

註2 派遣中止是指企業終止與派遣員工間的合約。在二〇〇八年雷曼兄弟金融風暴發生後，被大量解僱的臨時派遣勞動者到厚生勞動省前埋鍋造飯的派遣村事件，促成了二〇〇九年上任的日本民主黨政權修訂了《勞動者派遣法》，除了原則禁止日僱型的短期派遣外，也要求僱主使用同名派遣員工三年後，對該名派遣員工有直接僱用的義務，否則不得續聘。此法本意是要保護派遣勞工，但也有許多公司鑽此法的漏洞，在聘僱即將到達三年時，將該名勞工予以「派遣中止」。

「35～44歲」世代就業狀態別人口

（萬人、%）

	男女合計		男性		女性	
	2008年（25~34歲）	2018年（35~44歲）	2008年（25~34歲）	2018年（35~44歲）	2008年（25~34歲）	2018年（35~44歲）
就業者	1313	1435	768	804	546	631
自營業者、家族員工	58	95	38	61	21	33
僱用者	1252	1332	728	738	524	594
管理階層	21	46	17	37	4	10
正式員工	916	915	610	637	306	278
非正式員工	315	371	101	65	214	307
內含非自願的非正職者	—	50	—	21	—	28
完全失業者	72	36	41	20	31	17
非勞動力人口	282	214	37	30	245	185
內含家務與求學以外者	34	39	22	25	12	14
非正式員工的比例	25.6	28.8	14.2	9.3	41.2	52.5
非自願非正職者的比例	—	14.1	—	35.0	—	9.6

（註）2018年失業的狀態。另外，非勞動人口2008年和2018年的定義不同，因為2018年起的詳細統計將非勞動人口變更為包含待業人口。
（資料來源：總務省統計局）

度的進展。另一方面，女性的正式僱用從二〇〇八年的三百零六萬人降低為兩百七十八萬人，反而減少二十八萬人。另外非正式僱用，從兩百一十四萬人提升為三百零七萬人，竟增加了九十三萬人。

總體而言，男性朝被正式僱用進了一步的同時，女性反而從正式轉為非正式，竟朝非正式僱用進展。

女性因為懷孕、生產、育兒等原因，依舊難以正職的身分留在企業，因為懷孕或生產，一直不在企業正式僱用的考慮範圍之內，完全

接受非正職僱用的原因
（相對於非正式僱用者人數、男性）

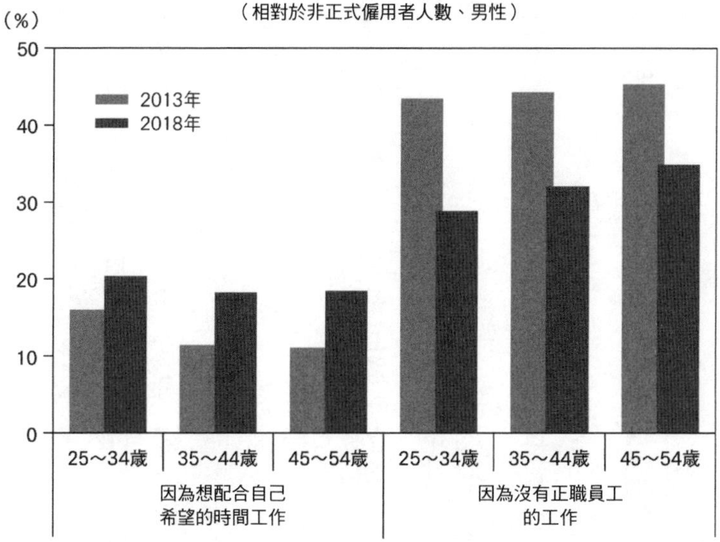

（資料）日本綜合研究所根據總務省〈勞動力調查〉所編製）
（資料來源：日本綜合研究所〈就職冰河期世代的實況與需對應的方向〉）

印證了所謂的懷孕騷擾問題的存在。儘管有產休制度或育兒制度，但仍不得不說多數女性無法持續被正式僱用的問題相當嚴峻。看到女性因為懷孕、生產被企業排除在正式僱用之外，還說有「女性的活躍」，實在很難讓人認同。

另外，非正式勞動者的男性中，非常希望轉為正職卻不得不屈就於非正式僱用的「非自願非正職者」為二十一萬人，這占了男性非正式僱用整體的三二・三％。同樣的，女性非自願非正職者有二十八萬人，這占了女性非正式僱用整體的九・一%。

再者，從當時首相安倍晉三開始打出安倍經濟學的二〇一三年到二〇一八年，雖然每年「非自願」的非正職者人數比例都處於低水位，但是年輕族群的下降幅度較大，非自願的非正職勞動人數比例，在包含冰河期世代的中高齡族群方面仍維持在偏多的狀況。

冰河期世代「之後轉正職」的類型變多

另外，雖然冰河期世代男性的正式僱用數量有一定程度的進展，但是請大家不可忘記他們多數在二十多歲或三十多歲期間，輾轉於非正式僱用之間，在三十歲後半才獲得「之後轉正職」的資格，之後終於成為正職員工。

獨立行政法人勞動政策研究與研修機構整理的〈年輕族群就業狀況、職涯、職業能力開發的現狀〉，是聚焦於各世代飛特族人數開始減少的年齡，並且依照世代別彙整。

飛特族人數的世代別變化

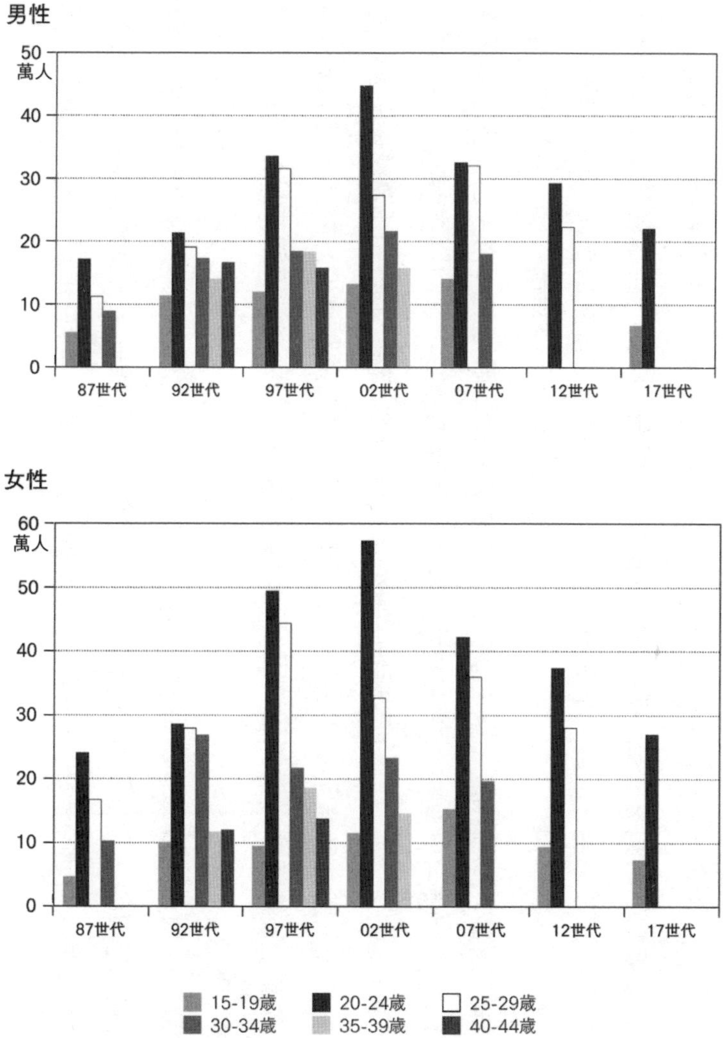

（註）上述的世代名，依照各世代20歲前半的年份分類。

（資料來源：勞動政策研究、研修機構〈年輕族群就業狀況、職涯、職業能力開發的現狀〉）

從這份資料可看出，不論哪一個世代，各世代的打工人數最多的同樣都是在二十歲前半，之後逐漸減少。不過由於景氣的關係，時間點有所不同，冰河期世代（一九九七年世代與二〇〇二年世代）與其他世代相比，從飛特族轉為正職員工的時間點有明顯延遲的傾向。

另外同樣從〈年輕族群就業狀況、職涯、職業能力開發的現狀〉也整理出一個傾向，就是各世代男性在大學畢業後從事的第一個職業將形塑往後的職涯走向。但是資料顯示，高中畢業的三十至三十四歲與三十五至三十九歲的世代，以及大學畢業的三十五至三十九歲和四十至四十四歲的世代，從第一份職業開始就成為正職員工的比例明顯較低，相反的「從其他型態轉為正職員工」的比例很高。由此可見，冰河期世代的職涯不只比上一代，也比下一代走得顛簸。

當然即使不是應屆畢業就成為正職員工，而是「之後轉正職」，如果待遇等同正職員工，處境也沒那麼糟糕。但是，應屆畢業生在日本的徵才慣例中享有絕對優勢，願意選用非應屆畢業生的企業，多半都是中小企業而且是人力吃緊的行業，從結果來

學歷與年齡別職涯類型

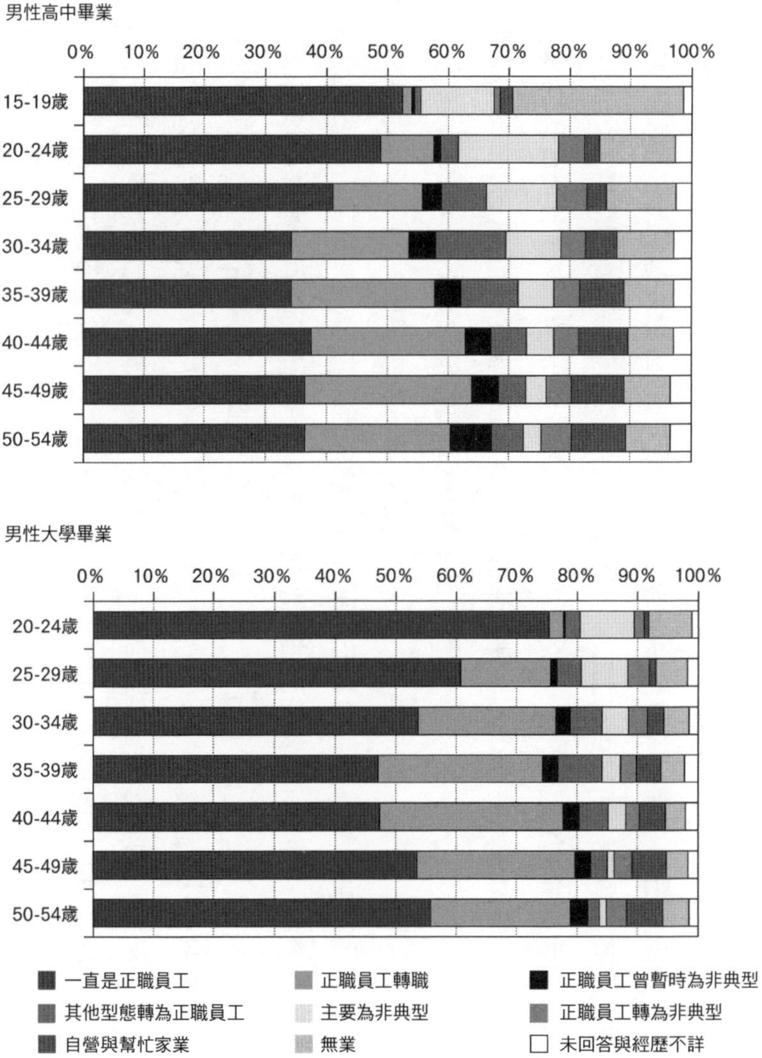

（資料來源：勞動政策研究、研修機構〈年輕族群就業狀況、職涯、職業能力開發的現狀〉）

看，可獲得的收入仍有很大的落差。

三十五至四十四歲的男性平均年收入依職涯別來看，一開始就是正職員工的人年收入最高，平均為五三〇・七萬日圓，相對於此，「從其他型態轉為正職員工」的年收入為四〇〇・七萬日圓，足足差了一百三十萬日圓。（資料來源同為：〈年輕族群就業狀況、職涯、職業能力開發的現狀〉）

政府雖然想推動「同工同酬」，但是單看同為男性的正職員工之間，職涯不同就有相當的差距，由此可以了解目前的現況有多艱困。從現實狀況來看，年輕的正職員工因為職涯的關係，薪資還比「之後轉正職」的人高。也就是說，事實上冰河期世代即便「之後轉正職」，縱使年紀較長，整體薪資仍被壓低。

其他資料也呈現相同的數據結果。日本綜合研究所二〇一九年五月彙整的〈就職冰河期世代的實況與需對應的方向〉報告指出，二〇一二年受到雷曼金融海嘯的影響，雖然所有世代的薪資減少，二〇一七年受益於安倍經濟學效應，年輕族群的所得轉為上升，就算是五十歲年齡層以上的世代，薪資減少的幅度也變小。但是就職冰河

基本工資的增減（和5年前比）

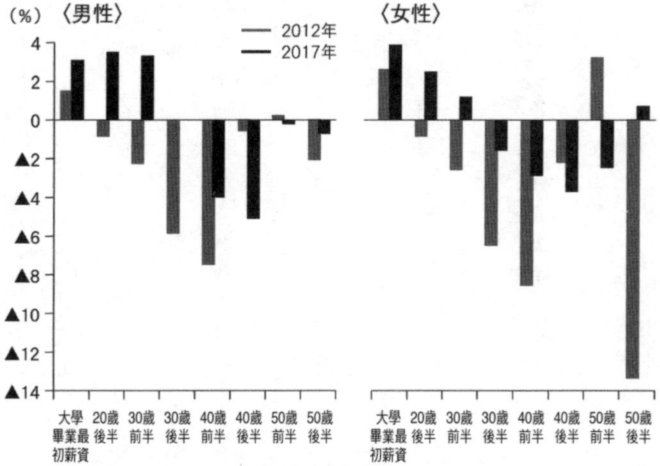

（資料）日本厚生勞動省〈薪資結構基本統計調查〉
（註）20歲後半以後的年齡層為大學與研究所畢業、在民營企業無僱用期限的正職員工。
（資料來源：日本綜合研究所〈就職冰河期世代的實況與需對應的方向〉）

期世代的所得在二〇一七年以後仍持續減少，顯然在所得方面，這個世代一點也沒有受惠於安倍經濟學的經濟效應。

此外，《週刊東洋經濟》二〇二〇年一月二十五日號中，從勞動政策研究、研修機構〈年輕族群就業狀況、職涯、職業能力開發的現狀〉的數據，推算冰河期世代大學畢業的正職員工的平均年收入，並且與前一個世代（泡沫世代）與後一個世代（寬鬆世代）的推算值相比，從比較值得知，冰河期世代的年收入與泡沫時代的同年齡相比，少了四十至八十萬日圓，也稍微低於寬鬆世代。

換句話說，冰河期世代雖然能進展至轉為正職員工，「之後轉正職」的比例很高，但是由於人口數量龐大，非正職者的人數還很多，其中有相當大的比例屈就於非自願非正式僱用。另外，成為正職員工的人也還是「之後轉正職」，且在實質待遇方面與非正職者相差無幾，也有不少實際上是「邊緣正職員工」，所以他們的薪資等條件上，仍忍受著比其他世代還要差的待遇。

我自己在諮詢生活貧困者時遇到的人當中，曾經身為「正職員工」或現在仍為「正職員工」的人不在少數，當我聽到這些人的工作情況時，有時會驚愕於他們竟受到如此苛刻的待遇。

尼特族和繭居族增加

為了找到正職的工作，持續求職，但是這些努力如果完全沒有回報，也很可能半途而廢。再例如即使成為正職員工，如果任職於不遵守勞動基準法的黑心企業，變成邊緣正職員工不斷被不合理對待，當然會使人身心受創而無法繼續工作。這樣的人只能成為所謂的尼特族[3]（非求職無業者），以紀錄「三十五至四十四歲」世代就業狀態別人口的圖表（三十八頁）來看，屬於非勞動人口中的「家務與求學以外者」項目。

這個人數在二〇一八年的時點，男性為二十五萬人，女性為十四萬人，共計三十九萬人（兩者皆為三十五至四十四歲）。

剛剛介紹的勞動政策研究、研修機構〈年輕族群就業狀況、職涯、職業能力開發的現狀〉報告中，是以日本總務省統計局的數據為基礎，從一九九二年起每五年依年齡級距別統計彙整非求職無業者（尼特族）的人數。

從資料來看，在一九九七年的時點，年齡級距（一九九七年的時點十五～二十四歲，之後每五年加五歲）大約為冰河期世代的人數區，屬於尼特族的人數區約有三十

註3尼特族（NEET, Not in Education, Employment or Training），這個名詞最早出現於英國，是指不安排就學、不就業、不進修或不參加就業輔導的年輕人。之後其他國家也開始使用這個名詞。

年齡級距別非求職無業者（尼特族）人數在不同年代的變化

		非求職無業者人數（千人）							
		15～34歲共計	15～19歲	20～24歲	25～29歲	30～34歲	35～39歲	40～44歲	45～49歲
男女共計	1992年	479	159	154	99	68	–	–	–
	1997年	525	133	172	138	83	–	–	–
	2002年	647	100	190	193	164	–	–	–
	2007年	577	73	160	171	173	161	138	–
	2012年	564	68	143	191	161	194	207	–
	2017年	535	69	141	164		174	215	217

（資料來源：勞動政策研究、研修機構〈年輕族群就業狀況、職涯、職業能力開發的現狀〉）

萬五千人，二〇〇二年增加為三十八萬三千人。

這個情況到了二〇〇五年，就職冰河期終於緩和一些，求才求職比也才提升，二〇〇七年減少為三十四萬四千人；然而歷經之後雷曼金融海嘯的二〇一二年又轉而升高至三十五萬五千人，二〇一七年為三十八萬九千人，二〇〇七年以後無關景氣持續增加。

接著，二〇一九年三月日本內閣府發表的〈生活狀況相關調查〉指出，推算日本全國四十歲到六十四歲的中高齡層繭居族為六十一・三萬人，但是在專家與繭居族家族會中，也有不少人認為這個數字太少，他們認為實際人數超過一百萬人。拙作《中高齡繭居族》（扶桑社新書二〇一九年）一書著眼於持續增加的中高齡繭居族，以當事人的經驗為基礎明白論述了結構與發生的原因，也請大家參考閱讀。

無法成家的世代

如果年收入低，「成家」，意即組織家庭就難上加難。這種傾向在男性身上尤其明顯。我們從日本內閣府針對二十至三十九歲未婚與已婚的男女，於二〇一四年度統計的〈結婚與家庭組成的相關意識調查〉中可了解，男性的年收入與已婚率的比例關係，如果年收入未滿三百萬日圓[4]，未婚率極高。男性結婚必須面對「年收入三百萬日圓的門檻」。由於內閣府的調查為日本全國性的調查，如果看得更深入一點，首都圈和都市地區應該連三百萬日圓都難以成家。不論如何，如果想增加成家的比率，我

註4 根據二〇一四年的統計資料，日本全國的薪資中位數是月薪二十六萬日圓，男性較高約三十萬日圓，也就是年薪約三百至三百五十萬日圓。

們可以瞭解到，提供「所得補償」[5]和減輕家計負擔的政策勢在必行。

當然，也有性身分、取向與社會大多數不同的群體，所以也沒有一定要由男女共組家庭。加上男性仍舊被視為一家主要的收入來源，女性依舊負責家事、育兒和照護等的照顧工作，這點也不禁令人充滿質疑。儘管如此，不得不說問題在於就算想結婚，但可以成家的可能性仍然偏低。

「終生未婚率」是指人到五十歲時一次都沒結過婚的比例。根據日本國立社會保障人口問題研究所〈人口統計資料集〉（二〇一七年）的顯示，「終生未婚率」在二〇〇〇年突破了一〇％，之後便年年持續攀升。到了二〇一五年，男性終生未婚率為二三．四％，女性為一四．一％。

在二〇一五年的國勢調查中，可以用性別和世代別來比較二〇〇五年與二〇一五年的未婚率，調查顯示三十五至三十九歲男性的未婚率在二〇〇五年時為三一．二％，但到了二〇一五年時為三五．〇％，而四十至四十四歲男性的未婚率則從二二．七％上升到三〇．〇％，另外，三十五至三十九歲女性的未婚率也從一八．

年收入別的婚姻與交往狀況（20歲年齡層與30歲年齡層）

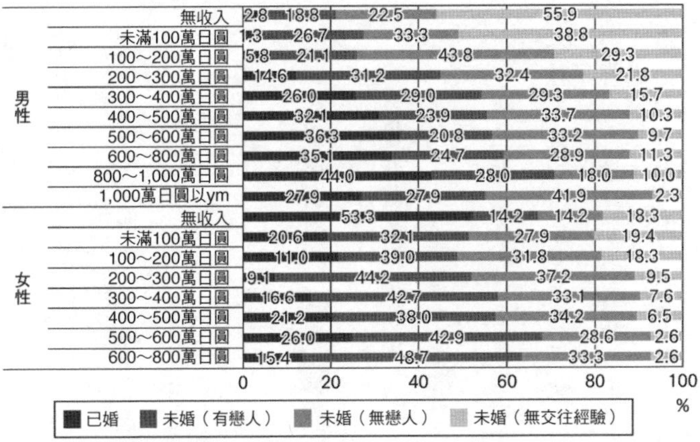

（註）「已婚」是指結婚三年內。女性收入「800～1,000萬日圓」及「1,000萬日圓以上」分別只有11名與3名，所以未列入圖表中。
（資料）日本國土交通省依據內閣府〈平成22年（2010年）度結婚與家庭組成相關調查報告書〉編製
（資料來源：〈平成24年（2012年）度　國土交通白書〉）

七%上升到二三・九%，四十至四十四歲女性也從一二・二%上升到一九・三%，不論男女都呈現上升的狀態。

也就是說，冰河期世代不只是男性，連女性的未婚率與過去相比，都呈現上升的態勢。

我對結婚與家族的觀念並不執著，只是無法成家這件事，將使日本社會運作至今的老後模式，「由自己孩子照顧」的老後模式不再成立。換句話說，這顯示了我

註5　因生病和受傷無法工作收入減少時可獲得的補償。也可以提供企業長期停業時或需要照護時的需要。

們不但無法受到孩子的照料，連委託緊急連絡人或保證人等，這些緊急時刻身邊商討協助的機制都將愈顯薄弱。總之我們無法避免家庭相互照顧的機制功能降低。關於這點具體含意為何，讓我們在第二章中繼續一起思考吧！

專欄

「一位棄民世代的求職歷程」

消費金融客服人員（派遣員工→約聘員工）

埼玉縣出身的I先生出生於一九八四年，在就職冰河期世代屬於最末段，因為各種原因，從東京某私立大學文學系畢業時未能以應屆畢業生的身分就職。畢業後他短暫在大學時期打工的超市工作，半年後登記於一家派遣公司，被派遣至某家大型消費金融公司「A」的子公司，任職於客服中心。客服中心的工作內容為「初步催收」，透過電話提醒延遲還款的客戶還款。

I先生踏入金融借貸產業的時機，恰好是整個金融借貸產業面臨困境的開始，因為收取灰色地帶利息被視為違法而受到指責。在這樣的情況下，同期進公司的兩百人每到契約更新之時，就一個接著一個被停止僱用，最後只留下一些人。但是，在被消費者罵「去死」已成家常便飯的環境中，I先生帳款回收的成績節節高升，到了派遣期限到來之時，直接被僱用為兼職的約聘員工。

更換僱用契約的同時，I先生轉調至新的部門，負責的客戶全是消費金融眼中的「棘手客戶」，他們大多欠有多項債務，不但長期拖款，也會向其他家金融業者借款。I先生負責的工作是與這些客戶協商和解，例如向客戶提出只要還清本金，利息部分即可銷帳等方案。結果就這樣包括派遣期間，I先生在客服中心任職的時間約有六年之久，任職時期最後的時薪已超過兩千日圓。

「話說我自己當時覺得，社會也不景氣，實際上我也不曾在哪一家公司當過正式員工，雖然是非正式員工，這個工作意外的還不錯，所以我認為如果之後能繼續做這

樣的工作也不賴。」（I先生）

但是，好景不長。二〇一〇年《改正貸金業法》施行之後，退還「溢繳金額」的要求蜂擁而至，A公司只得變賣公司。由於公司變賣的關係，身為子公司的客服中心也決定從東京轉移到大阪。

這時公司向I先生提議「公司將聘你為正式員工，一起去大阪吧」。但是對生長在首都圈的I先生來說，馬上要搬到關西的提議實在太過突然。

牛奶配送店的推銷員

（假裝是業務承攬）

I先生在辭去A公司客服中心的工作後，接著下來的工作是牛奶配送店B公司的推銷員。可是他和B公司簽的並非僱用契約，而是業務委託契約，所以彼此約定的報酬為「時薪一千兩百日圓加上業績抽成」。

I先生心想「時薪一千兩百日圓還不差」，然而開始工作後才知道報酬的時薪部份和實際工作時間無關，一天只給四小時。而B公司解釋「我們是業務委託，所以這樣沒有不對」，I先生自己當時也以為「原來是這樣」，但是推銷員大家的工作都是採輪班制管理，如果事前沒有獲得公司的許可也不能休假。換句話說，若是真正的業務委託契約，是禁止指揮調遣推銷員的，B公司的行為實際上是假裝是業務承攬的犯罪行為。

「時薪一千兩百日圓以四小時計算，所以一天薪資是四千八百日圓。加上按照簽訂的新契約，若工作不能達到可抽成的業績就拿不到獎金。然而現在已經沒有多少人會特別需要宅配牛奶，即使整天勤跑，現在多為雙薪的家庭，也通常都不會有人應門。市場狀況如此，公司本身也在我加入的一年多後，因為經營不善，只留下一位推銷員其餘全數裁員。」

這時已來到三十歲的關口，I先生開始意識到自己的年齡，將找一份正式工作或將來自行開業都納入考量，一邊工作一邊準備資格考試。

「我主要的工作經歷只有消費金融客服中心的非正職員工，我該做甚麼努力才能被認可是一位社會人士。在思考之時，我想到，參加考試取得資格或許能算一種經歷洗白。因此透過函授學習，先試試自己的可能性，接連考取了宅建士[6]與社勞士[7]資格。」

供餐調理公司

（約聘員工）

之後I先生以定期契約僱用的約聘員工身分加入了C公司。這是一家承攬醫院或學校等供餐調理業務的公司。但是這家C公司和之前的牛奶配送店相比，還真是一家有過之而無不及的黑心企業。

「我一開始打電話向C公司詢問時，對方表明時薪一千五百日圓，所以我才前往應徵。但是我加入公司後才知道，一千五百日圓只有一開始的兩個小時，之後每小時為一千日圓。還有也經常發生性騷擾事件。大家看到委案醫院的男職員緊摟著C公司的年輕女職員說『好想見妳喔！』卻都視而不見。除此之外，更過份的是還隱瞞職災，甚至沒有保社會保險等。」

I先生有社勞士的資格，對勞動法知之甚詳，向公司提出這些都是違法的，也曾要求公司改善一部份違法的行為。但是身處黑心企業卻主張要導正，無疑招致公司甚至是委案醫院的嫌惡。在兩年契約剛過去的第一年，I先生就收到書面的通知表示「再兩個月就終止契約」。

「在醫院這個環境，調理現場屬於階級制度的最低階。醫生下來是藥劑師，之後是護理師、營養師，其下是才是調理師。而C公司在執行業務現場的員工也只是個助理，所以完全如祭品般，像在對大家說『請任意欺負』、『請隨意性騷擾』，長期處於任人宰割的狀態。現在想想，覺得自己的作法很行不通，因為我直白地對眼前的一切說出『這樣很奇怪』。因此對於醫院來說，我成了一枚不折不扣的眼中釘。」

註6宅建士，全名為宅地建物取引士，是一種必須通過國家考試才能取得的資格。職責在保護房地產買賣及租賃雙方的權益及安全，必須嫻熟法律，日本的房地產合約需要宅建士簽名才具法律效益。

註7社勞士，全名為社會保險勞務士，也是一種國家資格。社勞士的作用在讓社會保障制度能在組織徹底落實，讓就業勞工與雇主都能遵循其應盡的義務與權利。

因為Ｉ先生的抗議，終止契約的要求得以撤銷，但卻被公司嫌惡和打壓。Ｉ先生在六月時收到轉調至學校供餐部門的命令，然而因為八月就進入暑假，學校供餐的收入會減少。Ｉ先生以「單方面被要求不利的調整，無法接受」拒絕，結果竟有人將Ｉ先生監禁在自用車內並且毆打，用強壓的手段迫使他接受轉調命令。

此外，轉調單位還擅自將一週五天的輪班工作改變為每週只工作兩次等，Ｉ先生被惡意對待，精神快要崩潰，最終不得不定期前往身心科接受治療，在八月進入暑假的兩週前提出想休長假的申請開始長休。沒想到Ｃ公司將這份申請作廢，認定Ｉ先生是「無故缺勤」，更過份的是，公司還繼續用Ｉ先生以個人原因自請離職的方式將他解職。

之後Ｉ先生恢復健康，加入東京都內某家接受個人會員的工會。透過這個工會向Ｃ公司要求進行團體協商，但是在實際召開的協商中，Ｃ公司的御用工會幹部不知為何代表公司方來參加協商，讓場面一片混亂。二〇二〇年三月，Ｉ先生的抗議戰場轉移至勞動法庭。

第二章

棄民世代今後將何去何從

棄民世代無法期望老後的收入（年金）

第一章快速回顧了冰河期世代所處的情況，接下來我們將說明不得不將這個世代稱為「棄民世代」的理由。棄民世代意即來不及拯救的世代，連政府也實際上放棄的世代。

理由雖有千百種，其中最為重要的是，支撐這個世代老後生活的年金，比前一個世代少到難望其項背，而且這是一個既定的事實。

二〇一九年六月因為一份日本金融廳金融審議會「市場工作小組」彙整的報告書內容，引爆了所謂的「老後兩千萬日圓的問題」。

審議會的成員在這份報告書中，以「家中只有六十五歲以上男性和六十歲以上女性的無薪家庭」為例，來模擬老後的生活，夫妻的主要收入為公共年金約二十一萬日圓（參見七十頁），與之對比，支出約為二十六萬日圓，所以推算出每月約有五萬日圓的赤字。因此，若這對夫妻從年金給付日開始活了二十年，就約有一千三百萬日圓的缺口，若活了三十年，則約有兩千萬日圓的缺口，所以預估這對夫妻必須挪用預備儲金等金融資產。媒體對此的批判聲浪不斷：「一邊高唱年金制度可以讓人安心百年，事到如今卻建議『只靠年金不足以生活，所以請自己想想辦法』。」

正巧一個月後是參議院的選舉，事情甚至發展到負責財務與金融的大臣麻生太郎拒絕聽取報告書，這樣的局面可謂前所未聞。自民黨政權在二〇〇八年也曾經放大檢視過「年金消失」的問題，但因為曾遭當時最大在野黨民主黨奪去過政權，自民黨也得防範一旦年金問題浮現，就算平時對政府施政毫無怨言的國民，也可能觸動到他們敏感的神經。

更大的原因是，高齡化的腳步比當時加快許多，高齡人口持續增加，對所謂的年金生活深感窘困的人也不斷增加。

但是冰河期世代面臨的狀況是，不足的年金額度可不只「兩千萬日圓」。

日本年金制度的營運方式是以在職世代（二十至六十四歲）的稅收給付高齡者（現年六十五歲以上）年金。也就是說，現在高齡者請領的年金，籌措自每月向在職世代徵收的年金保險費，其中當然也包含冰河期世代。因此，冰河期世代請領的年金，將籌措自現在的年輕世代、或之後出生的世代每月賺取的薪資。

在課稅上，越是高齡者多、在職世代少的少子高齡化社會，財政稅收越是吃緊。日本以世界史上前所未見的腳步邁向少子高齡化，因此財政稅收更顯窘迫。

在一九六〇年的社會架構中，一位高齡者的生活是由十一．二位的在職世代支撐，這個比例到了二〇一七年變成二．二位在職世代支撐一位高齡者。接著當來到二〇三五年，冰河期世代開始請領年金的年齡，這個比例變為一．七人支撐一人，二〇四五年為一．四人支撐一人，這幾乎已是可預見的未來。

當然，也不是只有在職世代在支撐高齡者，高齡者中也還有持續工作的人，並且移工也急速增加，同樣成為支撐社會的一份子。社會環境的變化相當明顯。雖然如此，高齡者持續增加、小孩持續減少的情況再繼續下去，一定會對社會結構帶來影響。

現在冰河期世代為了扛起包含嬰兒潮世代高齡者的年金，每月都必須負擔不小的金額。但是在現在的比例結構已處於近乎一比一的狀態，社會結構卻依然不變，並且連在職世代的生活都出現裂痕，所以不得不減少給高齡者的給付額度。

由於這些因素，日本厚生勞動省為了定期檢驗年金制度長期的健全性，基於《厚生年金保險法》和《國民年金法》的規定，最少每五年要編制〈國民年金及厚生年金相關財政現況與預測〉，進行財政檢驗。

這份財政檢驗結果通常於六月發表。只有在二〇一九年不知何故於八月發表，或許是因為對政府來說，這個結果顯示出來的狀況遠比金融廳的報告書還糟。

這份財政檢驗結果公開之後，代表年金將來給付水準的「所得替代率」，遠比有識者預估的還要糟，這點被大幅地渲染報導。

「所得替代率」是指，四十年來都參加厚生年金的人，在年金開始請領時的年金金額（二〇二〇年是從六十五歲開始請領）與在職時期稅後實際收入的比較，是代表兩者差異比例的指標。目前二〇二〇年的所得替代率為六一．七％，這表示現在高齡者請領的年金為在職時期稅後實際收入的六一．七％。

但是厚生勞動省從財政檢驗的結果中預測，這項所得替代率未來一定會下滑。預測明顯指出，即便在最好到最差的六種預估情境中，位於中段、相對穩健的情境下，二〇二四年的所得替代率都將來到六〇・二％，到了二〇四〇年會更下降為五〇・八％。多家媒體接到這項資訊後，隨即發出「年金將下降兩成」的報導。

之前就有專家指出這點，但重新看到數值更令人深感衝擊。原本我們就沒有被正確告知實情，如果自己還不關心，那麼即使身處在資訊化的社會中，也沒有機會知道實情。

在這個報導之後，主要是年輕族群，開始熱烈討論股票投資與小額金融投資，帶動了購買金融商品的熱潮。看來年輕族群之間即使懷疑年金制度，也不想探究原因，但也可以把它看成是一種覺悟般的悲壯，認為若不再好好為自己老後打算，一定會後悔莫及。

上班族年資到達退休後給付的厚生年金，現在一個人的平均給付金額大約為十四萬日圓至十五萬日圓。而未來年金減少兩成則意味著，二十至三十年後金額將降為十一萬日圓至十萬日圓左右。

不過與「減少兩成」相關的始終只是所得替代率下降，絕對不等於未來年金給付的額度。舉一個極端的例子，即使高齡者的年金給付金額變成兩倍，但若在職時的薪資提升到三倍，所得替代率也會大幅下降，所以這就是不能等同視之的原因。

但是在討論冰河期世代的老後時最重要的是，厚生勞動省舉的範例都是四十年之間都有參加厚生年金的案例。對此我只能說不愧是「厚生勞動省的官員」，才會未汲取教訓地以此為範例提出報告。大家都不斷議論，這些人不但不了解冰河期世代的艱難，還將長達四十年的時間都持續參加厚生年金視為理所當然。

長達四十年都可持續加入厚生年金的人，這樣的人在冰河期世代中，實際上有多少人呢？

顯然身為冰河期世代的我，早已不可能四十年都參加厚生年金。我在學的期間和打工期間都很長，只加入國民年金的時間也很長。雖然出版了拙作《下流老人》（朝日新聞出版，二〇一五年），但也是因為想積極面對自身的問題。像我這樣的同世代有很多，同學會好友相聚，總談論著薪資的議題還有對未來不安的話題，一邊喝酒一邊自我安慰地度過每一天。

冰河期世代有許多低年金或無年金的人

關於未來冰河期世代可請領的年金金額，現在無法找到值得信賴的預測模擬資料。而且，就職冰河期世代的實質薪資從年輕時就一直無法提升，這點也是不容忽視的問題。加上非正式僱用竟高達四〇％，這些狀況都是造成連厚生年金也沒加入的原因。

另外，如同第一章所說，冰河期世代有一個特徵是，持續以非正式身分工作的人，或即使現在是正職員工，也是三十歲後半才成為正職員工的，這些族群的人數也比其他世代多很多。

許多人在轉為正職員工前，有十年以上的時間，只加入第一階的國民年金，且許多人現在仍只加入國民年金，更有許多人無法支付每天被追繳的國民年金保險費（意即未繳納者）。

日本厚生勞動省在每三年進行一次的〈國民年金被保險者實況調查〉中，整理了國民年金保險費的年齡級距別繳納狀況。讓我們從二〇〇五年版和最新二〇一九年版的比較，一起探討冰河期世代年金的繳納狀況（見六十九頁）。

比較數據後明顯發現，二〇〇五年年輕世代的滯納者（一號期間滯納者[1]）非常多，總計有兩百五十九萬八千人（二十歲到三十四歲合計），占這個世代總數（八百一十五萬）的比例竟高達三一．八％，相對於此，二〇一九年年輕世代的滯納者反而較少，為一百零三萬三千名，滯納者占世代整體的比例為一八．〇％，數值相當低。

還有一個重點，就是申請免除繳納年金者的人數和比例。國民年金的保險費繳納，當第一號被保險者[2]①所得低時、②本人或家中有人接受生活保護[3]的生活補助

註1一號期間滯納者是指，參加國民年金的第一類保險者中，未繳納國民年金的人。

註2參加國民年金的對象主要有三類，第一類被定名為第一號被保險者，參加者為自營業者、農人、學生等。

註3生活保護是日本政府根據《生活保護法》的規定，對經濟有困難的國民，由政府提供補助，保障國民能享有最低經濟與文化生活水準的一種社會福利制度。可領取的金額根據地區別、家庭人口組成、項目別，而有所不同。此一「生活保護基準」類似台灣的「中低收入戶標準」。

之外的補助時、③繳納保險費有明顯困難等時，可以向社會保險事務所[4]提出申請，如果被認可，保險費可部份或全額免除（相對地，也會依照減免期間的減額比例，減少未來給付金的額度）。

二〇〇五年和二〇一九年的圖表中也記錄了，由於所得低等因素可全額免除保險費的人數與比例。另外，相較於二〇〇五年，一眼即可看出在二〇一九年，中年世代（三十五歲至四十九歲）申請全額免除的人數急速飆升。

這是因為，二〇〇五年當時的冰河期世代沒有能力繳交國民年金，未繳納者眾多（當時二十五歲至三十九歲的年齡層有三八．〇%完全沒有繳納國民年金的保險費）。而後這個世代隨著年紀來到中年，雖然不得不考量老後生活，但現實上並沒有能力繳納，所以呈現每五人就有一人申請全額免除的狀況。而且不變的是，還是呈現每五人有一人持續滯納年金的狀態。

談到這裡我想先整理一下。首先，冰河期世代面臨老後時，與現今相比，厚生年金的所得替代率會變得極低。再加上長達四十年都有參加厚生年金的族群少，而且雖

註4日本的社會保險是指健保、長照險、厚生年金保險（勞保）三者的統稱。社會保險事務所屬各地方政府社會保險事務局之下的組織，是主管年金事務的行政機關。

年齡級距別國民年金保險費繳納狀況（2005年）

	總數	繳納者	全部繳納者	部份繳納者	1號期間滯納者	申請全額免除者	學生繳納特例者
							（單位：千人）
總數	18,963	10,959	8,977	1,982	4,819	1,768	1,418
20－24歲	3,870	1,291	981	310	1,071	157	1,351
25－29歲	2,178	1,108	829	279	827	191	53
30－34歲	2,102	1,154	902	252	700	238	9
35－39歲	1,811	1,022	818	204	559	227	3
40－44歲	1,560	975	798	177	390	194	1
45－49歲	1,648	1,110	920	190	349	189	0
50－54歲	2,368	1,667	1,408	259	448	253	0
55－59歲	3,425	2,632	2,321	311	475	318	0
							（單位：%）
總數	100.0	57.8	47.3	10.5	25.4	9.3	7.5
20－24歲	100.0	33.4	25.4	8.0	27.7	4.1	34.9
25－29歲	100.0	50.8	38.0	12.8	38.0	8.8	2.4
30－34歲	100.0	54.9	42.9	12.0	33.3	11.3	0.5
35－39歲	100.0	56.5	45.2	11.3	30.9	12.5	0.2
40－44歲	100.0	62.5	51.2	11.3	25.0	12.5	0.1
45－49歲	100.0	67.3	55.8	11.5	21.2	11.4	0.0
50－54歲	100.0	70.4	59.4	11.0	18.9	10.7	0.0
55－59歲	100.0	76.8	67.7	9.1	13.9	9.3	0.0

年齡級距別國民年金保險費繳納狀況（2019年）

	總數	繳納者	全部繳納者	部份繳納者	1號期間滯納者	申請全額免除者	學生繳納特例者	繳納特例者
								（單位：千人）
總數	13,671	6,501	5,083	1,421	2,648	2,208	1,792	520
20－24歲	3,230	761	602	159	433	152	1,695	189
25－29歲	1,239	500	343	157	290	193	69	186
30－34歲	1,266	623	442	181	310	246	15	71
35－39歲	1,380	740	558	183	317	282	6	34
40－44歲	1,597	898	700	197	340	333	4	23
45－49歲	1,693	932	735	197	388	355	2	16
50－54歲	1,477	873	705	167	298	306	0	－
55－59歲	1,790	1,178	998	180	271	341	0	－
								（單位：%）
總數	100.0	47.6	37.2	10.4	19.4	16.2	13.1	3.8
20－24歲	100.0	23.6	18.6	4.9	13.4	4.7	52.5	5.9
25－29歲	100.0	40.4	27.7	12.7	23.4	15.6	5.6	15.0
30－34歲	100.0	49.2	34.9	14.3	24.5	19.5	1.2	5.6
35－39歲	100.0	53.7	40.4	13.3	23.0	20.4	0.5	2.5
40－44歲	100.0	56.2	43.9	12.4	21.3	20.8	0.2	1.4
45－49歲	100.0	55.0	43.4	11.6	22.9	21.0	0.1	0.9
50－54歲	100.0	59.1	47.8	11.3	20.2	20.7	0.0	－
55－59歲	100.0	65.8	55.7	10.1	15.1	19.1	0.0	－

（資料來源：〈國民年金被保險者實況調查〉）

然國民年金號稱是全民皆保全民年金的制度，且未繳納和減免的措施頗多，但還是有人甚至連國民年金也無法完整加入。

現在的年金制度可以比喻為三層樓建築。一樓為國民年金（老齡基礎年金），居住在日本的二十歲到六十歲的所有人都有參加的義務，如果每個月的保險費都全額繳納，且四十年期滿繳清時，政府會從開始給付的年齡起，每月給付約六萬五千日圓。如果是上班族等正職員工，還可以加入二樓的厚生年金，年金保險費為勞資雙方各出一半分攤繳納，可於老後領取。一樓和二樓這兩層稱為「公共年金」，三樓為企業或團體各自為員工營運的企業年金或退休福利制度等。

因此像飛特族和自營業者（也包含接案者），連二樓的厚生年金也無法加入時，原則上就只能加入自行負擔保險費的國民年金。除了依照自己的意願加入國民年金基金[5]等，繳納了大筆年金保險費的人之外，現狀是給付老後的年金約只有月領的六萬五千日圓。

用這筆六萬五千日圓維持老後每日的生活，從現實層面來說顯然困難至極。但是冰河期世代的情況是，就算有人滿期繳清，可能都領不到現在標準的六萬五千日圓，還很有可能降至月領五萬日圓。而且若有人長期間未繳納，或長期利用減免制度，他們領取的給付金額當然會更低。還有，如果有人繳清年金的期間未符合最低繳清期間的一百二十個月，則完全無法領取年金。

再者，即使從年輕起就能加入厚生年金，但厚生年金的保險費是按薪資報酬的比例，薪資低時當然年金給付金額也低。冰河期世代不幸的一點就是實質薪資自年輕時就完全沒有提升。因此，給付將來年金的薪資報酬比例，自然也比現今高齡者領取的金額低很多。

冰河期世代老後的生活水準會比現在的下流老人更為低下，這一點從這樣的年金現狀來看也能準確預測出來。

註5　國民年金基金是日本政府於一九九一年為擴充第一號被保險者的老後資金而設計，為縮小年金差距而設立的。

消費稅增加為一九％？

在冰河期世代收入逐漸減少之時，從少少的收入中強制徵收的金額卻反而增加。消費稅率或許是最容易讓人理解的例子。我們購買各種物品和服務幾乎都會課消費稅，且稅率近年持續上升。

消費稅在一九八九年四月從三％開始，當時冰河期世代大多還是學生。二〇一四年四月時為八％，二〇一九年十月來到一〇％，稅率節節高升，每每讓家計愈形沈重。

不用說，消費稅的結果與當初規劃的方向完全相反，結果是因為低所得階層的生活必需品支出占比較高，反而容易加重他們的負擔。

但是二〇一九年九月有報導指出在政府稅制調查會的討論中，有委員提出「一〇％並非目標」的論調，大家本來就不奢望政府增稅會就此打住，而且政府內外都有一些勢力在施壓，促使稅率提升。

日本經濟團體聯合會（經團連）這個強力支援自民黨的團體，從以前就強力推動希望政界提升稅率，認為消費稅應該是稅制的支柱。二〇一二年經團連曾發表以〈要求進行成長戰略與強制財政再建〉為主題的建言，要求消費稅率在二〇二五年時提升到一九％，但卻相反的要求法人稅的實效稅率[6]要在二〇二五年，從當時的三八．〇一％降低到二五％。

另外，在二〇一九年十一月發表的〈為確保安心的經濟成長、財政、社會保障整體改革〉建言中，以「確保財源安定所需的歲收改革」為題，建議「將消費稅提升至超過一〇％也是可行的選項之一，而且有必要喚起大眾討論」。

在冰河期世代對日本社會財政嚴峻深有所感的情況下，經團連希望政府只提升消費稅，降低法人稅的建言，根本是「謀圖私利」的笑話，而且還如此大言不慚。連艱困時互助合作、眾人齊心出資、克服困難的氣魄都沒有，這樣的經營團體才更應該受到嚴厲的批判。

註6實效稅率是法人實質上所負擔的所得稅。包括繳納給中央政府的法人稅及地方政府的住民稅或事業稅。

還有來自日本之外的意見。國際貨幣基金（IMF）在二〇一九年十一月二十五日發表的〈日本經濟分析報告書〉二〇一九年版建議，為了籌備醫療或照護等增加的社會保障費用，日本必須在二〇三〇年之前，將消費稅率提升至一五％（但是IMF的同一份建議中也要求向富裕階層加強課稅等。）

令人絕望的是，最大的在野黨立憲民主黨和相關支持團體竟也積極推動提高消費稅率。例如：「連合」[7]的相原康伸事務局長在二〇一九年五月三十一日與自民黨政調會長岸田文雄在自民黨總部會面，提交一份請求書，內容是要求「確實實施」預定在同年十月消費稅的增稅和「廢止」減輕稅率制度。

再看看日本現在的國會吧。有前參議院議員山本太郎率領的「令和新選組」高舉未來「廢止消費稅」的旗幟，如試金石般先以「減稅至五％」號召其他在野黨共同推動，日本共產黨等黨派也對此表示理解。

但這樣的勢力是否能成長至握有政權？可惜的是還未成氣候。今後的幾年只要沒有太大的變動，往後消費稅率仍將持續攀升，這應該是難以撼動的基本走向。

關於消費稅的議題，我並不一味覺得降低就是好的，而是想指出問題，因為稅制太過不公平，導致稅收不是由大家共同支撐，而是扭曲變相成由弱者支撐弱者的狀態。尤其從中可以明顯看出，法人稅的實效稅率和金融資產課稅較低，強者的負擔較輕。

對弱者課稅正如字面上的意思，是強行要求弱者削骨生活，但是向強者課稅只不過是抑制奢侈品、減少奢侈消費。何者更適合當作課稅目標，從公正的角度和社會現狀來看，應該沒有討論的必要。

國保的保險費和照護保險費持續攀升

國民健康保險（國保）的費用持續向上攀升，對冰河期世代而言是一筆負擔頗大的支出，也是一大問題。

註7全名為日本勞動組合總連合會，是日本全國性的工會組織，成立於一九八九年。

國保制度以「國民皆保險」為基礎，是將日本全國人民納入公共醫療保險的制度。除了加入職場健康保險或後期高齡者醫療制度的人（七十五歲以上），以及接受生活保護的人之外，是以全日本人民為對象。根據二〇一八年度的〈國民健康保險實態調查報告〉，推估〇至七十四歲國民加保的比率為二十八・六％。

六十至七十四歲的人因退休離職從社會保險退保，尚未加入後期高齡者醫療制度，國保中這年齡層投保的比例勢必很高，有七一・三％的人加入。但是冰河期世代在主要是非正式僱用的勞動者當中，三十五至三十九歲有一八・六％，四十至四十四歲有一八・九％，四十五至四十九歲有二十・〇％加入國保。

國保的負擔費率並不是全日本一致，負責保險營運的日本全國市區町村每年可自行改定。但是，曾經支撐國保財政的農林水產業者和自營業者逐漸減少，相反的，醫療費花費較高的高齡者或所得較低的非正式勞動者成了加入的主體，因此國保財政慢慢陷入赤字，結果造成保險費持續向上增加。

我所處的埼玉縣在二〇一九年三月發表過該縣的國保事業費繳納金及標準保險稅

額第二次模擬。結果顯示，與二〇一六年度相比，標準保險稅額（保險費）全縣平均增加一．四倍，戶田市為一．八三倍，蕨市為一．八六倍，小鹿野町為二．〇六倍。國保的負擔金額在幾年間增加了一〇至三〇%，在日本已然是現在進行式，也有相當多的地方政府以近乎倍增的情況增加。

加入者屬於貧困階層，負擔卻變得越來越重，國保存在的意義何在，不禁也愈發令人懷疑，但是這樣的比例在日本仍舊無法下降，今後的負擔應該仍會持續上升。

另外，照護保險費[8]從二〇〇〇年開始這項制度以來，金額持續增加。

所有四十歲以上的人都有義務繳納照護保險費，保險費率依照加入的健康保險組合而有所不同。加入協會健保、職場健保或共濟組合[9]的醫療保險的人，照護保險費率會與薪資連動計算，再與事業單位各出一半分攤繳納。

註8日本為因應社會高齡化的需求，政府於二〇〇〇年起開辦照護保險，向中高齡者（四十五歲以上），按年齡別徵收不同的保險費，以提供需要長期照護者的需求。

註9共濟組合是以公務員及私立學校教職員為對象，提供公共性社會保障的社會保險組織。

越谷市、埼玉縣平均、日本全國平均照護保險費基準額變化

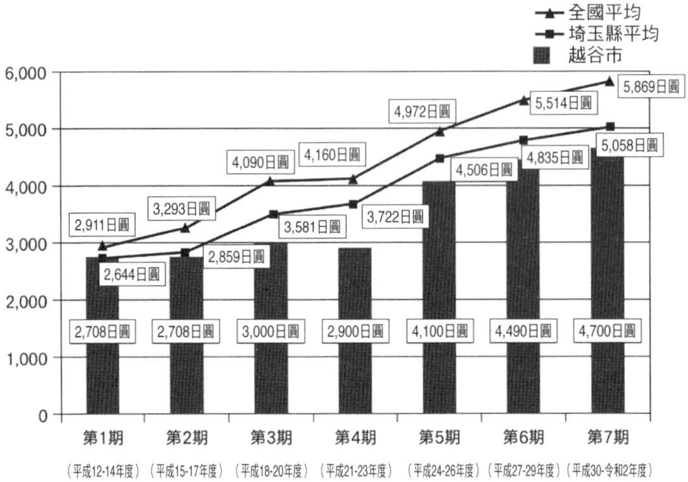

（資料來源：越谷市官方網站）

加入國民健康保險者的照護保險費率與國保相同，由負責健康保險營運的地方政府自行依財政狀況計算，連同國保保險費一起徵收。

《照護保險法》規定有義務每三年規劃一次三年一期的照護保險計畫，各市町村的照護保險費即是基於此計畫設定。

透過上圖，顯示了埼玉縣越谷市向六十五歲以上的人收取照護保險費基準額的變化，並且與全國平均、埼玉縣平均相比。顯而易見的，無論是全國平均、埼玉縣平均都從第一期開始一路持續增加。冰河期世代在迎向六十五歲時，應該還會再增加數十個百分點吧！

四十歲年齡層每四人有一人為零儲蓄

如果老後可獲得的收入（年金），比現今的高齡者世代明顯要少，支出相反地變多，那我們仍然在職時，要不盡可能存錢，要不只能到老後仍持續工作。但是如同我在第一章曾經敘述過的，冰河期世代的收入比起上一個世代簡直少到望塵莫及。在這樣的狀況下，存錢實在不是一件簡單的事。

根據日本總務省二〇一八年五月發表的〈家計調查報告（儲蓄與負債篇）〉結果指出，四十歲年齡層的雙人家庭，每一個家庭現有儲蓄金額（除了儲蓄金還包括保險或有價證券等金融資產）的平均值為一千零七十四萬日圓，但另一方面，每一個家庭現有負債金額的平均值為一千零五十五萬日圓。

冰河期世代與其他世代相比，原本就是勝利組與失敗組兩極化的世代，如果從這個角度來思考，取儲蓄額平均值就已失去意義。

其實這反而更能反映現實，會這麼想是來自一份SMBC Consumer FINANCE二〇一九年的網路調查。

該公司在同年一月七日至九日三天針對三十至四十九歲的男女，以網路搜尋方式進行「三十年齡層與四十年齡層對金錢感的意識調查」，得到一千名的有效回答。其中所有回答者對於「現時點能存多少錢」這項問題，回答「零萬日圓（無法儲蓄）」的人有二三・一％，其他回答「一至五十萬日圓以下」的人也有二四・六％，一百萬日圓以下合計有六〇・五％。

零工經濟讓僱用不穩定加速

收入減少，就只有支出一味增加，就職期間如果無法存錢，除了老後仍持續工作之外也別無選擇。但是冰河期世代即使想要老後工作，也應該會感受到現在高齡者所沒有的艱難。因為往後的十年、二十年，「僱用」結構有極大的可能性逐漸邁向崩解。

企業在委託貨物配送或拜訪照護這類勞力密集型工作時，現在一般多僱用兼職等方式的非正式勞動者，在這個關係中資方與勞動者（員工）的僱用關係變相扭曲。

在現在世界中，一種稱為「零工經濟（一次性承攬型經濟）」的勞動型態正快速擴張，企業利用網路將工作外包給個人業者，不再締結僱用關係，取而代之的是簽訂業務委託契約或加盟連鎖契約。

二〇一九年底上映了一部英國電影《抱歉我們錯過你了》（導演肯．洛區），並在日本長期放映。電影中既完整又真實地刻劃出，勞動者一家人受零工經濟擺布的樣貌。

劇中故事開始於主角決定從建築工人轉業為宅配送貨員，他與送貨公司之間沒有僱用契約，而是加入以貨物送達件數計酬的加盟連鎖（業務委託契約），之後開始了這份工作。

因為是加盟連鎖，主角在名義上成了自營業者，必須自己準備送貨車輛，可是只要他一開始工作，送貨路線就透過手機受到嚴格掌控，每件配送可花費的時間極短，工作期間甚至無法抽空上廁所，只能隨身帶著寶特瓶（代替尿壺）。

不只如此，如果收件者不在家，還要再次配送，所以即使一天工作十四小時也難以消化龐大的目標件數（上面所提電影的英文原名即為「Sorry We Missed You」，是英國宅配業者投遞招領單時的定型化文字，意思類似「可惜未能遇見你」）。

主角一週六天被工作苦苦追趕，同期間妻子也為到宅照護的工作疲於奔命，因此夫妻倆總是彼此錯身，終於這種變相的工作型態，也開始影響到他們正值敏感期的孩子——這就是電影的劇情。

我個人是決不贊同這樣的僱用方式，也覺得應盡可能不要存在。雖然如此，但這股潮流早已是無法抑止的全球走向，甚至波及到日本，我也認為這是一股無法阻擋的趨勢。

日本各行各業其實也已經有了邁向零工經濟的潮流。登記成「合作外送夥伴」的人，可以代理承接地區內各家餐飲店的宅配，「Uber Eats」就是其中的代表。但Uber Eats的外送員在外送過程中發生意外不但不算勞災，甚至會被公司處以罰金、不能分配到工作[10]。

照護服務或家務勞動等的工作，一次性的委託也早就都是普遍型態，「支付數千日圓只在這天這段時間工作」，外送產業同樣早已走向如電影《抱歉我們錯過你了》真實呈現的勞動樣貌。

另外，以Uber Eats進軍日本的Uber，本來是歐美普遍的叫車服務，是一家急速成長的企業。Uber與擁有自用車的一般民眾沒有簽訂僱用契約，而是以業務委託契約讓他們登記為Uber的司機，透過app載送叫車的民眾到目的地，再收取該趟車費的一定比例當作報酬。

在日本沒有取得營業許可的司機，用自用車（白牌車）從事計程車的工作是違反法律（經營所謂的「白牌計程車」）的行為，因此Uber無法插足計程車業界，但是日本現今已經有各種行業走向零工經濟，如果認為這個領域的管制不會鬆綁，這種想法過於樂觀。

註10此為日本二〇二〇年四月當時的規定。

零工經濟的腳步不會停止

零工經濟從勞方的角度來看，不過是一種無法取得社會保障的不穩定僱用，從資方的角度來看，是一種極好壓榨的結構。如果真的想停止零工經濟，必須以置身這樣工作形式的當事人為主，集結成一個工會，為確立自身的權利共同抗爭。不對，其實這類行動早就已經一點一滴地展開了，只是抗爭所需的力量依舊過於薄弱。

法國在二〇一七年五月艾曼紐．馬克宏就任總統後，持續削減、限縮公共服務，引起中產階級的不滿，總統馬克宏甚至在二〇一八年十一月發布燃料稅調漲的決策，直接衝擊了民眾生活，進而引爆市民每週六穿上螢光色背心加入抗爭行動的「黃背心運動」。

抗爭運動的情勢一度升高，罷工隊伍破壞巴黎香榭麗舍大道的店家，並出現燃燒汽車等類似暴動的行為，以致於警察動用催淚彈或橡膠子彈鎮壓衝突。總統馬克宏為了挽回情勢，發表放棄預定於二〇一九年執行的燃料稅調漲決策。但是黃背心運動這項抗爭在之後仍舊持續，成為二戰後法國為期最久的一場罷工活動，據說截至目前法國全國共有三十萬以上的民眾參加。

這個事件就像個象徵，展現了歐洲市民運動或工會擁有的傳統力量執行力之堅強，日本完全無法與之比擬。然而即便是這樣的歐洲，現實上仍舊無法阻擋零工經濟的潮流。

從Uber或英國美食外送服務戶戶送（Deliveroo）興起的零工經濟，也在法國引發了促成了「勞動貧困層」的批評，其他還經常發生計程車司機為抗議Uber進行罷工、戶戶送（Deliveroo）外送員的罷工等。但是總統馬克宏在當選總統之前就一直不斷宣稱，零工經濟正好為多是居住在都市近郊地區（郊區，Banlieue）的失業者，創造僱用的機會，可以降低法國長期居高不下的失業率。

根據《新聞周刊日本版》（網路版）（*News Week*）二〇一七年四月十三日的報導，調查（波士頓顧問公司）顯示在二〇一六年前半，光是Uber等叫車服務業，即所謂的「專用司機租車服務」，就創造了巴黎地區新僱用總數的二五％，該行業甚至也占了法國整體新僱用總數的一五％。

另外，根據美國信用卡公司萬事達卡的調查，零工經濟會持續每年成長，在美國的經濟規模二〇一八年時達到了兩千零四十億美元（以二〇二〇年的匯率換算約為二十二兆日圓），並預測在二〇二三年將達到四千五百五十二億美元（約四十九・五兆日圓）。

零工經濟的浪潮如暴風般持續增強，將它與反抗勢力的成長速度放在天秤的兩端，前者明顯處於優勢。日本最終不得不走向零工經濟的道路，結果就是資方在勞資角力戰中握有壓倒性的優勢，將來或許會產生遠比歐美更為殘酷的局面。

隨著零工經濟的正式到來，會產生哪些變化呢？這對於我們來說，並非難以想像。畢竟日本經過勞動者非正式僱用與派遣中止的洗禮（參見三十二至三十六頁），而這些都源自在經濟學者竹中平藏（現為保聖那會長）的主導下，小泉純一郎政府於二〇〇一年起推動的「結構改革」。

沒錯！簡而言之，零工經濟就是讓日本社會處處產生大批的日僱勞動者，而且讓全日本發展成如東京山谷、大阪釜崎般的「寄場」[11]。

我曾在大學和研究所時期透過支援新宿區與西城區的活動，與聚集在這些「寄場」的勞動者與高齡者共同生活，詳細觀察過他們的生活模式。這些日僱勞動者天天穿梭於各個建築工地，晚上喝酒賭博發洩壓力，藉以維持身心平衡繼續生活。他們不知道明天在哪裡有甚麼工作。近身觀察之後我覺得，這或許就是他們感到極大壓力的原因。

當然他們沒能組織家庭就已年老，也沒有能夠依賴的家人，現實中也有很多人像他們一樣，住在宿民街周邊的狹小屋內，請領生活保護費維生。日本社會不論在哪一個時代，在現場工作支撐社會的勞動者處境都很惡劣。但如果沒有他們，日本也不可能有高度的經濟成長，不要說榮景了，應該也無法享受富足的生活，可是日本未來的盡頭正展現一幅令人不忍直視的殘酷景象。

這些或許就是冰河期世代成為高齡者時，更為普遍、常見的景象。要我說冰河期

註＝日本日僱勞動者聚集的地方，是著名的貧民區。

世代老後可設想到最典型的模式，基本上就是現今宿民街高齡者身上發生的事，以更多面、更險惡的樣貌展現。

很多人都同樣描繪出了這幅可輕易預測的未來圖像，也認為必須要反抗使得狀態惡化的社會結構、政策和僱用型態。現在這股力量或許還很微小，但是我們必須要有危機意識，即便力量微薄，也必須讓這股力量更為強大。

長壽伴隨的風險

另一方面，冰河期世代雖然不屬於日本政府所提出的「人生一百年時代」[12]，但是「老後」的期間應該和現在的高齡者相同甚至超過，長壽的可能性很高。當然，生活不富裕的人，也沒有心力注意健康，所以罹患些許生活習慣病的人應該也會增加。

但是，近年來醫療與照護技術已發展到，人就算罹患些許生活習慣病，也不至於喪命的程度。因為癌症等已不見得是不治之症，大病一場的結果仍長命百歲的可能性很高。

只是這點或許也是令人感到煩惱的部份。本書一開始就曾介紹一位高齡者的故事。他竭盡所能縮衣節食地過生活，孤獨度日，還許願「那天」早日到來，一直想到入眠。而冰河期世代老後這樣的時間相對來說更長。而且即使更長，單就維持長久老後的社會保障，政府都無法為他們準備。

日本福利體系的設計和營運，基本的前提是，應該由高齡者家庭負責照顧高齡者老後的生活。連申請生活保護，也是以家庭扶養優先於生活保護，基本上，就是預期沒有家庭扶養的人才能請領，這是運用此一制度時一貫的情況。但是，這是將無法組織家庭的人排除在整體之外，也不太考量現實的做法。

根據「國立社會保障、人口問題研究所」的推算，二〇三五年日本的終生未婚率

註12 「人生一百年時代」是二〇一六年英國倫敦商學院教授林達．葛瑞騰（Lynda Gratton）和安德魯．史考特（Andrew Scott）提出的概念，大膽預測：二〇〇七年後所出生的人，二人當中就會有一個人可以活過一百歲。日本因此將「人生一百年時代」列為國家重要發展政策之一。日本前首相安倍晉三就曾指出，面對快速高齡化的社會，應該要讓高齡者生活更為充實，也能在社會中發揮所長。

（人到五十歲一次也沒結過婚的比例），男性為三〇%，女性為二〇%。冰河期世代的終生未婚率或許也視為近乎這個數值。重複一次之前所說的，性少數族群組成的家庭也不一定由男女構成。但是，日本一開始就將異性婚姻視為一大前提，沒設想過會有「沒有兒女照顧的高齡者」，單身的冰河期世代在這樣的情況下，老後應該只能面臨無盡的艱難。

並且在冰河期世代可生育年齡也沒有發生嬰兒潮，無法設想將來能透過和自己小孩同住、透過家庭獲得協助。

父母的照護問題

相反地，沒有小孩的人仍大多有父母。但是就像前面所說，正由於福利制度設計的機制是以「由家庭負責高齡者的照顧」為前提，政府即便面對冰河期世代，也希望身為孩子的冰河期世代照顧自己的父母。因此大概再過幾年，冰河期世代中應該會有不少比例的人將面臨父母的照護問題，尤其在屬於冰河期第一世代的團塊二代，在二〇二〇年應該已經有人面臨了這個問題。

對於很多已經在照護父母的人來說，令他們煩惱的選擇就是「要繼續工作？還是要辭職？」根據日本總務省就業結構基本調查（二〇一二年）指出，一邊照護一邊工作的受僱者約有兩百三十九萬九千人，但另一方面，在二〇〇七年十月至二〇一二年九月的五年間，因為照護離職的人竟有四十八萬七千人（其中三十八萬九千人為女性，約占八成）。尤其有許多女性為了照護父母而無法繼續工作。

這些人在青年時期因為僱用不穩定辛苦工作，熬到中年終於得到「之後轉正職」的資格成為正式員工，又有人又得在離退休年齡還早的時候，不得不辭職離開公司。

另外，在著手寫這本書的二〇二〇年時雖然事態還不明顯，但往後幾年一定會發生稱為「二〇二五年問題」（參見一六六至一六九頁）的課題。到了「二〇二五年」，不只是團塊二代，許多冰河期世代的父母輩都屬於團塊世代，也就是第一次嬰兒潮世代（生於一九四七年至一九四九年）仍在世的所有人，都已經是七十五歲以上的後期高齡者。

日本國內出生的日本人小孩人數從二〇一六年起已經連續三年低於一百萬人，二〇一八年為九十一萬八千四百人（確定值），二〇一九年為八十六萬四千人（基於厚生勞動省人口動態統計速報值的推估），這似乎是從一八九九年統計以來第一次低於九十萬人，而團塊世代出生的時代，每年都超過兩百六十萬人。這些人全部成為七十五歲以上的後期高齡者後，後期高齡者的人口約會膨脹到兩千兩百萬人以上，推算日本國民每四人就有一人為七十五歲以上。

這件事帶來的衝擊極大。

厚生勞動省在二〇一九年九月發表二〇一八年度的概算醫療費（速報值）為四十二兆五千七百一十三億日圓，是到目前為止的最高紀錄，且二〇二五年預計需要醫療的高齡者還會增加，因此日本的醫療保險給付總額共計將為五十四兆日圓，而且高齡者中每五人有一人患有失智症。

另一方面，二〇二五年的日本，確實會面臨到照護設施與照護人才嚴重不足的問題。預估二〇二五年所需的照護人才約兩百四十五萬人，但實際上只能確保有約兩百一十一萬的照護人員，預估會缺少約三十四萬人。因此很可能即便認定為需要照護的「需照護者」也無法入院，無法受到適當照護服務的「照護難民」將急速增加。

而他們孩子屬於冰河期世代。對冰河期世代來說，家庭照護應該會成為經濟上的負擔，還有照護的疲累也會成為精神上的負擔，形成心中的重擔。照護離職的問題正在發生，還有繭居族親子同住的家庭問題，又稱八〇五〇問題、七〇四〇問題[13]都將浮上檯面。

目前實際的情況是，父母依賴子女照護、幫助和處理家務，子女依靠父母的年金、資產、住屋，彼此相互扶持生活。

註13因為年輕時期就職不順只能繭居在家的人，稱為繭居族。當他們逐漸朝向中高齡化之後，生活費與照護問題也隨之發生。先是由七十幾歲的父母照料四十幾歲的繭居兒女，稱為「七〇四〇問題」，但十年之後，變成八十幾歲父母照料五十幾歲兒女的「八〇五〇問題」，可見的未來，這類的問題還會持續增加。

還有「親子皆倒」的危機

更令人擔憂的是尼特族和繭居族的老後。會有許多人由於無法單靠自有財產過活，當父母在世時仰賴父母的年金生活，待父母過世後藉由繼承土地建築或其他資產勉強過活。

這些人曾被稱為「單身寄生族」。日本總務省統計研究研修所教授西文彥根據總務省統計局《勞動力調查》的調查結果，研究與父母同住的人口動態。

根據西教授的研究顯示，在二〇一六年的時點與父母同住的熟齡未婚者（四十五至五十四歲）有一百五十八萬人，其中屬於「完全失業者」、「無就業與無就學者」、「臨時僱用、日僱勞動者」中的「可能仰賴父母維持基礎生活條件者」人數有三十一萬人（在二〇一六年的時點）。這三十一萬人中令人擔心的是，大多數的家庭都瀕臨「親子皆倒」的危機，連父母都缺少資產來持續照顧小孩。

再者，這一百五十八萬的數字與一九八九年的十八萬人相比，約為九倍，根據西教授的資料，這是因為一九七一年至一九七四年出生的第二次嬰兒潮世代（團塊二代），從二〇一六年開始移動到四十五至五十四這個年齡層，預期今後這個實際數字還會增加。

其實在西教授同一年的調查中顯示，這個年齡層以下的壯年未婚者（三十五至四十四歲）在二〇一六年時點的人數比前一個世代還多，有兩百八十八萬人，而且推算其中可能仰賴父母維持基礎生活條件的人數有約五十二萬人。以一般邏輯來思考，在這個世代有親子皆倒潛在危機的人數應該是多更多吧！

生活保護雖然是最後依靠的安全網

彙整上述內容，冰河期世代迎向高齡期之際，應該會有很多人轉向「最後的安全網」——生活保護，尋求最後的協助，那麼究竟有多少人將成為被保護者呢？

有很多研究都嘗試推算這項數值，且近年來還有增加的傾向。「NIRA（綜合研究開發機構）」研究員辻明子在二〇〇八年曾寫過一篇論文〈就職冰河期世代老後的相關模擬〉，根據這篇論文中的試算，就職冰河期世代老後需要生活保護的潛在人數多達七十七萬四千人。

這份試算是從二〇〇二年就職冰河期世代非正職者一百三十七萬一千人和無業者五十四萬五千人的合計一百九十一萬七千人中，預估老後申請生活保護給付者的潛在人數為八十六萬兩千人，而且依照他們老後（六十五歲以上）生存機率調整後的數字。

在這份模擬試算的十年後，《週刊DIAMOND》（二〇一八年四月七日號刊）以「新階級社會」為特輯主題，模擬了冰河期世代老後申請生活保護給付的潛在人數。根據特輯的資料顯示，冰河期世代（以二〇一七年的時點三十五歲至四十四歲的年齡來設定）的非正職者為三百六十九萬人（男性九十三萬人，女性兩百七十六萬人）、無業者為三百三十七萬人（男性六十一萬人，女性兩百七十六萬人），進一步調查其中有無配偶者或未繳納國民年金者的人數，得出老後不得不仰賴生活保護的人為男性六十三萬三千人，女性八十三萬八千萬人，共計一百四十七萬一千人。

然而現實是即便是「最後安全網」的生活保護，它的給付額也一直持續下降。尤其二〇一二年搞笑藝人的親戚「違法請領」（但嚴格來說完全不是違法請領）生活保護的問題，遭到媒體強烈抨擊，對生活保護的抨擊聲浪不斷，且之後情況有愈演愈烈的傾向。當時還是在野黨的自民黨趁著這波抨擊聲浪，提出減少生活保護基準一〇％的選舉政見，並在十二月一重回執政黨執政後，就於隔年二〇一三年一月由厚生勞動省實際執行這項方針。

之後決定從二〇一三年八月大幅調降生活保護基準，調降餐費等屬於生活費的「生活補助」給付額，整體來看達到戰後最大降幅，刪減了六．五％（六百七十億日圓）。

接著從二〇一五年度起，也調降屬於房租的住宅補助、冬季相關燃料費和暖氣費補助的冬季加給額度；二〇一七年十二月又設定生活補助三年內下降一．八％的方針，二〇一八年十月起開始進一步調降。這些刪減總額共兩百一十億日圓。

在調降這些給付基準時，厚生勞動省從總務省統計局編制的「消費者物價指數」（ＣＰＩ）中，單獨製作了一份「等同生活補助ＣＰＩ」的指數，並且根據這份資料說明因為從二〇〇八年開始十一年之間，物價下降了四・七八％，以此當作調降的依據。但是如果依照總務省公開圖表數據來計算，在同樣三年之間的CPI綜合指數的下降率為二・三五％，四・七八％真是一個令人難以理解的數值。

對於這些蠻橫的政策，一位長年擔任厚生勞動省生活保護基準部會部長代理要職的委員，日本女子大學名譽教授岩田正美也提出不同的反對意見。她在法院指出最近的生活保護基準顛覆了專家組織的建議與定義，決策過程相當異常，批評厚生勞動省似乎失去了裁量權。

面對調降，截至二〇二〇年三月為止，日本全國二十九都道府縣有一千位以上接受生活保護給付者，向國家提出集體訴訟。我們也在向埼玉縣法院提出相同的訴訟。

但是很可惜，現實是我們無法推翻這股洪流。當然厚生勞動省的官員們今後仍會在每次改定時想方設法調降給付水準。為了將來會同樣成為接受生活保護給付者的冰河期世代同世代的人，我也想阻止調降所剩無幾的生活保護基準。

專欄

棄民世代的單親媽媽

就職冰河期世代中，特別令人擔憂的是單親媽媽貧窮的狀況，她們為了撫養孩子，不得不屈就於不穩定的僱用和低薪。根據厚生勞動省資料顯示，日本孩童的相對貧窮率在二〇一五年時為一三．九％，這數字本身已是應該要擔憂，但是其中單親家庭孩童的相對貧窮達到五〇．八％，實際上是兩個單親家庭中就有一個家庭處於貧窮的狀態。

在這樣的情況下，可想而知悲劇不時發生。

二〇一四年九月曾發生一起事件，當時一位四十三歲的單親媽媽，住在千葉縣銚子市的縣營住宅，因為房租滯納被縣府退租，企圖與長女（當時十三歲）同歸於盡，但是自己自殺未遂，被以殺人嫌疑逮捕（隔年二〇一五年六月遭千葉地方法院判處有期徒刑七年，不得緩刑）。

這位媽媽應該是屬於冰河期世代的第一世代，她一邊在鄰近東庄町的學校供餐中心當兼職員工工作，一邊扶養長女。不過兼職的時薪當時為八百五十日圓，而且若學校放寒暑假，連這筆收入都會沒有，所以即使有兒童撫養津貼，平均月收入還是只有十二萬日圓左右。

以這筆金額是能夠繳交縣營住宅一萬兩千八百日圓的房租，但是房租卻滯納兩年以上，所以被行政部門強制執行清空房屋交回。媽媽親手結束女兒性命之時，正是強制執行的當天早上。

打亂母女命運的是長女步入中學時，不知該從何處籌錢購買上學所需的制服和運動服，因而借了七萬日圓的高利貸。因為害怕一天多次緊緊相逼的催討，因此優先把賺來的錢用來償還高利貸，結果變成無法支付房租。

千葉縣的縣營住宅有一項制度，對生活窮困的人最多可以將每月房租調降兩千五百日圓，不過從事件發生的結果來看，令人強烈懷疑千葉縣並沒有對這位媽媽說明這項制度。加上這位媽媽在二〇〇九年左右和二〇一三年四月曾為了申請生活保護，來到銚子市公所的申請窗口，卻始終無法申請成功。自由法曹團[14]根據二〇一三年四月的面談紀錄表和這位媽媽自身裁決時的陳述，在二〇一五年九月公開發表的事件調查報告書中留下這樣的結論，「合理懷疑政府採取『阻止登陸作戰』，一味以不合理的理由非法退回申請」。

媽媽們以「月收十萬日圓」撫養小孩

根據厚生勞動省約每五年執行一次的〈全國單親家庭等調查〉二〇一六年度版資料，「單親家庭」中父子家庭（單親爸爸）推算有十八・七萬個家庭，相對於此，母子家庭（單親媽媽）同期有一百二十三・二萬個家庭。進一步分析這些單親家庭的就業狀況，父子家庭有八五・四%，母子家庭有八一・八%，可見現況是兩邊家庭幾乎都是一邊工作一邊撫養孩子。

註14自由法曹團是日本於一九二一年成立的律師團體，設立目標是為了保護人民基本人權，促進民主。此一律師團體經常義務為弱勢者向政府及大企業提出辯護。

但是，其中的僱用型態和薪資部份則有相當大的男女差異。讓我們來看看單親爸爸僱用型態的細節，「正職員工」為六八．二%，「自營業」為一八．二%，「兼職與打工等」為六．四%（包括派遣員工則為七．八%），從事正職工作的人將近七成。年平均就業勞動收入也有四百二十萬日圓，和日本人的平均（二〇一六年為四百二十一萬日圓）相差無幾。

另一方面，單親媽媽的部份，「正職員工」為四四．二%，與男性相比明顯少了許多，「自營業」也只有三．四%，相反的「兼職與打工等」為四三．八%（包括派遣員工則為四八．四%），非常的多。年平均就業勞動收入為兩百四十三萬日圓，只有父子家庭的一半左右。

而且從同一份調查結果中也有數據顯示，以兼職與打工維持生計的單親媽媽，其就業勞動年收入平均為一百三十三萬日圓。如同結束女兒生命的銚子市媽媽一般，工作每月收入只有十萬日圓左右的單親媽媽絕不在少數。

針對單親媽媽無法以正職員工身分工作的理由，支援單親家庭的NPO法人

「single mothers form」理事長赤石千衣子女士提出了以下的說明：

「在日本成為正職員工等同你接受長時間的工作。因此身為單親媽媽，直到小孩成長到小學低年級的年紀為止，許多人不得不選擇可安排短時間工作、也不花通勤時間的鄰近工廠，或商店兼職等非正式的工作。

「但是，即便育兒時期告一個段落，企業也不太會僱用一位有工作空白期的單親媽媽為正職員工。理應由男性肩負家中經濟來源的家族觀，與奠基於此的諸多社會制度（如使用配偶扣除額或年金第三號被保險者制度等的專業主婦）都拖住了這些單親媽媽的後腳。但是，迫使女性成為邊緣勞動者的社會結構與就職冰河期遇到的種種因素無關，是存在已久的問題。」

「薄皮饅頭」與「肉包」

從這一點來看，內閣府男女共同參畫局調查課在二〇〇九年九月發表的〈在新經濟社會的潮流中生活困難的男女〉資料裡，出現了意味深長的數據（請參照一〇五頁的圖表）。

男女僱用型態的明細依照年齡級距別顯示，並且進一步比較一九九二年（泡沫經濟崩盤的當年）與二〇〇七年（雷曼金融海嘯的前一年）的差別，讓我們看向圖表的左半邊，也就是一九九二年的數據。應屆畢業的時候，雖然男女都是正職員工，只有女性在二十歲至三十歲左右的期間，因適婚年齡就業勞動比例漸漸減少，等到育兒告一段落的三十歲以後，以兼職與打工的身分復職，使得圖表呈現M字形的線條。丈夫為一家主要工作者，妻子主要負責育兒，育兒負擔減輕後妻子為了貼補家用或「賺點零用錢」外出兼職，這是高度經濟成長期很典型的家族生活模式，現今的時代也依舊續存。

這點到了二〇〇七年的畢業季節，打工或派遣等非正式就業勞動的人，不論男女都增加了。但要是談到泡沫經濟崩盤後就業非正式化的浪潮，是更直接地撲向男性還是女性，究竟是哪一方？毫無疑問的一定是女性，而且衝擊力道之大也顯示在圖表當中。

「在二〇〇二年前後就職冰河期世代年輕人陷入就業非正式化之前，單親媽媽早就深陷於不得不接受非正式化的社會結構中。但冰河期世代以後連男性的非正式化都增加了，男性變化的程度如圖表線條所示，但也只不過是從『薄皮饅頭』的皮變厚成『肉包子』的皮。當然將這個部份換算成人數也有幾百萬人，對社會而言也具有相當大的衝擊，然而我覺得當男性才剛轉為非正式，貧窮的問題就受到大眾的注目，真是令人感到諷刺。」（赤石女士）

赤石女士的一席話，也帶給我們一種新的視角，來探討冰河期世代中也存有男女的差距。

僱用型態的明細別、年齡級距別僱用者比例（男女別）

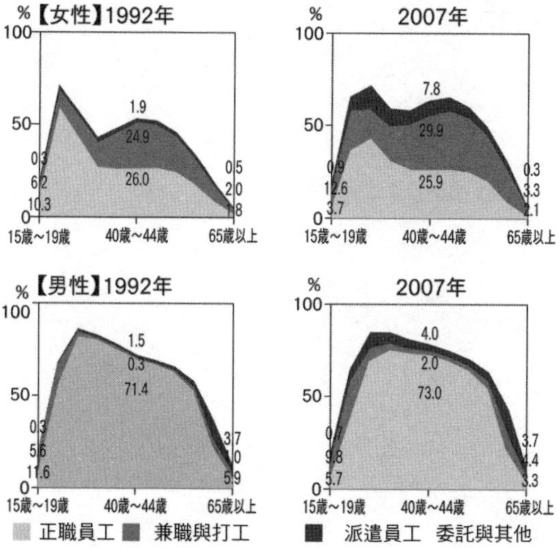

（資料）日本總務省〈就業構造基本調查〉
（資料來源：日本內閣府男女共同參畫局〈在新經濟社會的潮流中生活困難的男女們〉）

第三章

對「就職冰河期世代支援專案」的批判

雖然為時已晚，但這仍是執政黨的政治課題

「冰河期問題」長久以來一直是讓人無視、置若罔聞的政治課題，先不論該說「終於」還是「事到如今」，在二〇一〇年底，這個問題被搬上了檯面開始廣受熱議。

日本政府於二〇一九年六月二十一日在內閣會議決定了「經濟財政運營及改革基本方針」（通稱骨太方針），並且將三十歲中半至四十歲中半的「就職冰河期世代」就業勞動支援當作重點課題加入其中。根據這項方針，內閣官房設立了「就職冰河期世代支援推進室」，以全世代社會保障改革擔當大臣西村康稔為主，邀集內閣府其他厚生勞動省、文部科學省、經濟產業省、總務省、農林水產省、國土交通省，開始分別規劃事業計畫。

在二〇一九年十二月二十三日舉行有關就職冰河期世代支援推進的關係府省會議上，決定執行的政策有：在公共職業安置所（HELLO WORK）設置針對就職冰河期世代的專門窗口、成立冰河期世代專門的特定求職者僱用開發補助金，以及在之後三年推進國家公務員和地方公務員的中途任用。光這個世代的非自願非正職者和長期無

業者，推算約有一百萬人，透過二〇二〇年四月起，用三年的時間集中執行這項「就職冰河期世代支援專案」，目標是使其中的三十萬人轉為正職。此外，政府還撥出三年內投入共超過六百五十億日圓的預算，作為這一連串項目的費用。

不過應該沒有多少人了解這項「專案」的詳細內容吧！如果只想知道概要，請各位參考官民協作顧問「Publink」的企業官網內容，當中刊登有內閣官房冰河期世代支援推進室光武雄一朗參事官輔佐的訪問「何謂『就職冰河期世代支援專案』？請問政策負責人 #2」（https://publink.biz/report/interview/1272/）

根據網站中談到的內容，政府認為支援冰河期世代的兩大核心，其一為「從諮詢、教育訓練到就職，無縫接軌的支援」，其二為「配合個人狀況，給予更貼心的陪伴支援」。

何謂「無縫接軌的支援」？

「從諮詢、教育訓練到就職，無縫接軌的支援」，簡而言之就是指提供比至今還要貼心的就業勞動支援。

在Publink的訪問中，光武參事官輔佐表示：「透過如入口般的諮詢窗口，設置專門負責的團隊擴大支援，藉此完善體制中從諮詢、教育訓練到就職（甚至穩定就業）的各個階段，配合個人狀況可提供更詳細的諮詢。」

為了實施這項「無縫接軌的支援」，厚生勞動省除了在公共職業安置所（HELLO WORK）設置前述的專門窗口之外，還預定實施一項「陪伴型支援」的新事業，即透過專門負責的團隊從就職諮詢、就業介紹、直到固定就業提供徹底一貫的支援。日本厚生勞動省為這項事業預算，在二〇二〇年度的概算申請中申請了十三億日圓。

厚生勞動省規劃的「無縫接軌的諮詢→教育訓練→就職→穩定就業」過程中，預計在二〇二〇年度，針對冰河期世代新設「短期資格等的學習課程」事業，負責「教育訓練」的部份。

這項事業讓人可在較短的期間內（設定約三個月），取得小型起重機、堆高機、大型自用車駕照、大型職業客車駕照、ＩＴ工程師資格與簿記等，還有其它容易取得

開設針對就職冰河期世代獲得短期資格等學習課程（暫稱）

令和2年度申請額
34.7(0)億日圓

針對就職冰河期世代開設「短期資格等學習課程（暫稱）」，為了支援可短期間取得、促進穩定就業的資格等的學習，委託人才需求高的業界團體等，配合訓練與職場體驗，實施支援正式職員就職的就業出路整合型訓練。另外，也提供夜間、六日與e化課程的訓練，方便休假中的非正式僱用勞動者，一邊在職一邊受訓。

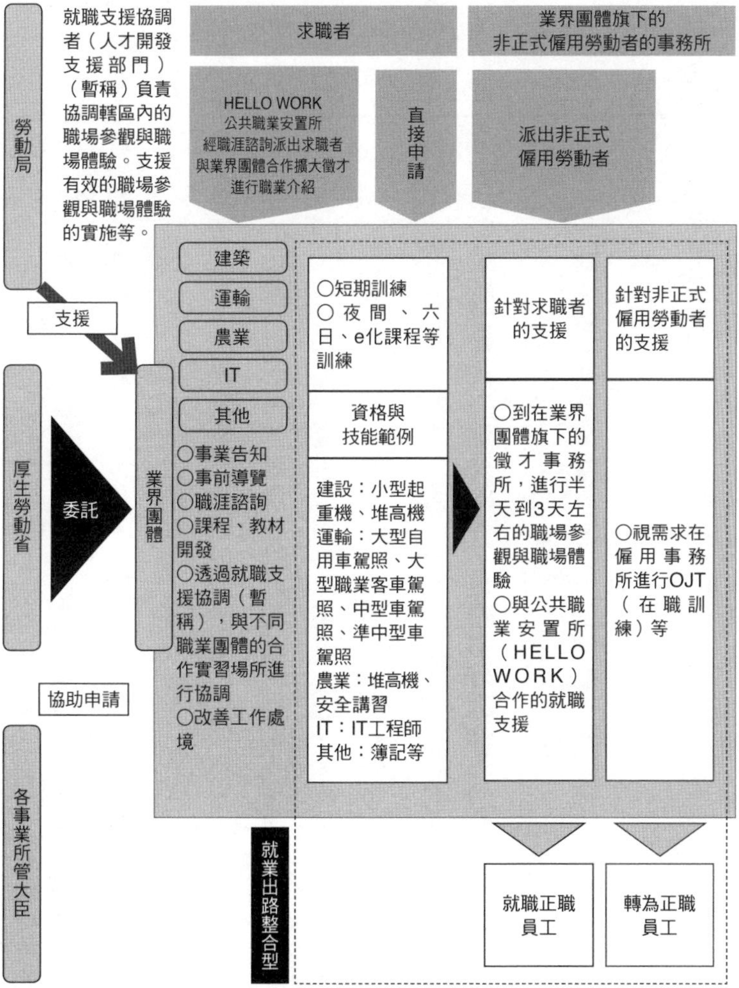

※本事業進行訓練、職場參觀與職場體驗，為職業訓練受訓給付金的給付對象。
（資料來源：日本厚生勞動省）

穩定就業的資格，厚生勞動省委託建築、運輸、ＩＴ等各業界團體，支援冰河期世代的職業訓練。各個團體針對參加課程的冰河期世代，提供配合職場參觀或職場體驗的「就業出路整合」訓練。

另外，短期資格等的學習課程，透過職業訓練給付金設定的給付對象，將給付受訓者在訓期間每月十萬日圓的金額。還有為了讓現在是非正式工作的人可以一邊工作一邊受訓，上課時間除了夜間、六日之外，還可透過ｅ化課程，連在家都可以接受職業訓練。

各職業團體要向厚生勞動省提出企劃書，寫明任職於各個業界所需的資格與技能，以及為了習得這些資格與技能需進行的訓練內容，實際執行訓練的內容預計將依這份企劃書決定。截至二〇二〇年二月，開放這份企劃書的招標。

另一方面，厚生勞動省認為也須降低企業身為接受方的門檻，藉由鬆綁既有補助金制度的給付條件予以因應。

厚生勞動省透過公共職業安置所（HELLO WORK），以原則上試用期為三個月的企業為對象，給付每月額度為四萬日圓的「試用僱用補助金」。除了這項已於二〇一三年度成立的補助金之外，二〇一七年度只要透過公共職業安置所（HELLO WORK）等介紹，僱用符合一一四頁圖表顯示條件的不穩定僱用者為正式職員，開始每僱用一人給付中小企業六十萬日圓、大企業五十萬日圓的「特定求職者僱用開發補助金（實現穩定僱用方針）」。

日本厚生勞動省為了讓這兩項補助金制度更能與對冰河期的支援連結，所以這次才會分別鬆綁給付條件。

首先關於「試用僱用補助金」，廢止了至今特有的「介紹日當時，希望任職沒有工作經驗的職業」、「介紹日當時，學校畢業三年內，畢業後未有穩定職業的人」這些條件。替代新加上的條件項目是，「介紹日當時，為尼特族或繭居族等未滿四十五歲的人」。

另外，從二〇一九年四月起將「特定求職者僱用開發補助金」的「長期不穩定僱用者僱用開發課程」更名為「實現穩定僱用課程」。

試用僱用補助金給付條件新舊對照表

給付對象明細（新舊對照表）

		現行		平成31年4月1日以後
試用僱用的目標	①	介紹日當時，希望任職無須工作經驗的職業		（廢止）
	②	介紹日當時，學校畢業3年內，畢業後未有穩定職業的人		（廢止）
	③	從介紹日前日起，過去2年內，重複離職或轉職2次以上的人	①	從介紹日前日起，過去2年內，重複離職或轉職2次以上的人
	④	從介紹日前日當時，離職期間超過1年的人	②	從介紹日前日當時，離職期間超過1年的人
	⑤	因懷孕、生產、育兒離職，介紹日前日當時，超過1年沒有安定職業的人	③	因懷孕、生產、育兒離職，介紹日前日當時，超過1年沒有安定職業的人
		（新設）	④	介紹日當時，為尼特族或繭居族等未滿45歲的人
	⑥	介紹日當時，協助就職之時，特別需要關懷的人	⑤	介紹日當時，就職援助之際，特別需要關懷的人
		接受生活保護給付者、單親家庭的媽媽、單親家庭的爸爸、日僱勞動者、季節勞動者、中國等留住異鄉等永住歸國者、無家可歸者、失去住所的不穩定就業勞動者		接受生活保護給付者、單親家庭的媽媽、單親家庭的爸爸、日僱勞動者、季節勞動者、中國等留住異鄉等永住歸國者、無家可歸者、失去住所的不穩定就業勞動者、生活窮困者

（資料來源：日本厚生勞動省）

同時，將至今嚴格設定的條件「從僱用日前日開始起算，過去十年間五次以上重複離職或轉職的人」，鬆綁為「被僱用為正職勞動者的期間總共為一年以下，且從僱用日前日開始起算，過去一年間未被僱用為正職員工的人」。

這些給付條件的鬆綁，從企業的角度來看，會是令人想嘗試使用的制度。

何謂「更貼心的陪伴支援」？

就職冰河期世代支援對策室第二項「配合個人狀況，給予更貼心的陪伴支援」，與以上所述「從諮詢、教育訓練到就職，無縫接軌的支援」並列為專案的核心。

當有人尚處於難以面對諮詢或職業訓練等第一項核心內容的階段，換句話說，這項支援是考量到尼特族或繭居族等已放棄受僱的人。內閣官房「就職冰河期世代支援專案」中有以下內容：

○展開外援

以主動代替被動，貼心鼓勵潛在的受支援對象，實際將支援資訊送到對象本人或家人手中的同時，配合對象本人和家人狀況，提供長期持續的陪伴型支援。因此，須強化地區青年支援站或生活窮困者諮詢支援機構的外援機能，促進相關機構的合作。

○擴大支援範圍

為了能處理讓當事人不拒絕諮詢協助等的綜合性問題，可以藉由綜合支援和各種各樣的地區活動，透過繭居族過來人的參與和運用NPO，陪伴支援當事人。

針對這點光武參事官輔佐進一步提出以下說明：

——（前略）另外，請問是否有注意到尚未找到自己的道路而感到困擾的人，以及與社會斷絕關係、不指望被僱用的人？

光武：「有的，我認為尤其重要的是需要配合這些人不同的狀況，分別給予他們鼓勵。因此才會有第二項核心『配合個人狀況，給予更貼心的陪伴支援』。

「由這些人直接面對行政單位，對他們而言門檻過高，所以需要與地區支援站、支援機構、NPO和從事地區活動的人合作，依據對象本人和情況，給予家人外援，貼心提供資訊與協助溝通，以成為與社會連結的橋樑。

「我認為這一項與第一項相比更是一場長期戰，所以想讓支援範圍能更強韌地擴大。」

——所以如同您方才提到的「並非三年內可以達到」。

光武：「是的」（後略）。

由企業將非正職員工轉任為正職員工？

到這邊我們已看到此一方案大概的內容，政府考量的「支援冰河期」政策的基本方針重點在於讓這個世代的人能成為正職員工，觀看事情的角度幾乎都不超出這個範疇。這是因為政府希望將這個世代中，長期處於非正職工作的階層讓他們成為正職員工，老後也能盡可能能自立獲取收入。因此對於以正職員工僱用他們的企業，藉由給付補助金提供獎勵。

這項方針有許多層次上的問題。第一，過度針對協助就業這一點。

如果討論到日本究竟為什麼非正式僱用會增加如此之多，這是因為從泡沫經濟崩盤至今的三十年之間，日本整個企業界朝結構轉換邁進，透過將正職員工洗牌為非正職，極度壓低企業的人事成本占比以提升利潤。可以舉出的代表性例子就是不斷修改《勞動者派遣法》，除此之外還一貫性地推動壓低人事成本的政策。政治因應企業界強烈的請求而行動的事態反覆上演。

透過像這樣極端依賴非正式僱用而建立起來的系統，以短期低風險和提升眼前的生產效率營運自己公司的這套系統，正多虧了日本政府在後面推波助瀾，結構早已牢不可破，已無法簡單回頭。

看看我身邊工作的人吧。以非正式僱用身分工作的人是這麼多，而他們這些人是多麼優秀又勤勉。日本經濟早就是依靠非正式僱用的方式在運轉，這麼說一點都不言過其實。而且因為這些優秀的勞動者雖然是非正職員工但仍努力為公司工作，所以沒有必要特別提高人事成本，特地將他們轉為正職員工。

事到如今，只用少少的輔助金希望企業界將非正職員工轉為正職員工，增加他們的人事成本，這樣的想法實在過於天真。這也是為什麼至今各種僱用輔助金都效果不彰。

尤其這次專案的支援對象又是冰河期世代，因為從企業角度來看，非自願成為非正式勞動者或長期無業的人（尼特族）等，連「勞動生產性高」這種場面話都談不上。

最重要的是，從歷史的教訓來看，無論是非正職或正職員工，即使是政府期望，如果不是由勞動者提出要求或抗議，薪資和待遇是不會提升的。

補助金模式的極限

究竟補助金的方式有效嗎？如同前面已經論述過的內容，「試用僱用補助金」或

「特定求職者僱用開發補助金」中的「長期不穩定僱用者僱用開發課程」，這些制度早在幾年前就已成立。這些是至今幾乎沒有成效的原由：

試用僱用補助金從二〇一三年開始，二〇一四年度有四萬一千七百三十人使用，當初還頗令人期待。但是二〇一五年度就減為三萬五千三百九十二人，二〇一六年度為兩萬九千五百二十四人，二〇一七年度為兩萬三千六百零九人，使用的人逐年減少。

表示執行額相對於預算額的執行率，也持續顯示極度偏離預算額的狀態，二〇一四年度為三〇．八％，二〇一五年度為三六．一％，二〇一六年度為六九．七％，二〇一七年度為五九．三％，因此有人要求調整預算規模。

講白一點，政府為政策詮釋出新意，但詮釋的卻是過去失敗的政策，而且成效不彰。如果在整體僱用結構已然變化之時，宣稱導入這樣的政策可發揮效用，我不認為這樣的想法合乎邏輯。

另外，即便開辦「特定求職者僱用開發補助金」中的「長期不穩定僱用者僱用開發課程」，二〇一七年度編列的預算額約五億三千萬日圓，實際利用為二十七件，七百六十五萬日圓。

隔年二〇一八年度預算額倍增為十億八千萬日圓，即便如此，到二〇一八年底時，使用金額為四百五十三件的一億兩千八百萬日圓，全部使用金額連一成都不到，不得不說預算執行率異常。

結果，至今推出的補助制度，全軍覆沒。這表示這項制度不但不符合企業界的期望，而且只要不改變僱用結構本身，就不會有成效。提供企業補助金，只是政府的一廂情願，沒道理能發生任何變化。可是政府擁有對僱用結構進行強行規制的權限。

例如，可以如同規定身心障礙者的法定僱用，針對各個企業設定法定僱用率，並且促使實施。如果真心給予冰河期世代支援，我希望是確保這個世代的僱用與加強執行就業穩定的措施。

關於「特定求職者僱用開發補助金」的「長期不穩定僱用者僱用開發課程」，規定以「從僱用日前日開始起算，過去十年間五次以上重複離職或轉職的人」為對象等條件或許確實過於嚴苛，但即使鬆綁為「僱用為正職勞動者的期間總共一年以下，且自僱用日前日開始起算，過去一年間未被僱用為正職勞動者的人」，使用這項補助的人也不可能馬上增加。

我認為新的補助制度也有極高的可能落入和現在一樣「虛有其表」的窠臼。對於冰河期世代的政策討論才剛開始，我雖然不想對此表達過多的評論，卻覺得政府是時候該停止作秀演出了。

配對風險造成的不安

另外，執行就業勞動支援，一定要用心傾聽期望就業的勞動者的心聲。最惡劣的做法是，依照企業界的請求，無視當事人的期望，機械化地將人分配至人手不足的產業。

如開篇也曾提到過的一樣，這次的「就職冰河期世代支援專案」，光只這個世代推算約有一百萬人為非自願非正職者或長期無業者，目標設定為協助他們轉為「正職員工」。但是即使轉為正職員工，也要仔細個別聆聽這些非自願成為非正職員工或長期無業者的期望，如果不盡可能理解他們的想法是無法達到目標的。

政府自己一直強調「正式僱用」、「正職員工」，但是就和前面一直在提的論述一樣，現在所謂的正職員工與過去的正職員工並不相同，只有邊緣正職員工才會接受的僱用方式持續增加。以這樣的情況，正職員工的實質內容急速下滑，只讓他們成為正職員工還稱不上救濟。

雖然能以正職員工的身份就業工作，但是如果工作不開心而辭職的受挫模式不斷重複，反而可能加深對當事人的傷害。正因為如此，必須提供有力的支援，創造能持續在職場上工作的基礎。

當然內閣府也表示「配合個人狀況，給予更貼心的陪伴支援」做為支援專案的核心，可惜的是，我不認為現在如選單般的「在公共職業安置所（HELLO WORK）設置專門窗口」和以「專門負責的團隊貼心陪伴型支援」等政策，能充份發揮成效。

在執行支援專案的第一線單位——公共職業安置所（HELLO WORK）推展業務的

工作人員，絕大多數就已是非正職。企業界將「刪減人事成本」奉為最高宗旨，看來這項改革最後也波及到公共職業安置所（HELLO WORK）。這個單位都是提供專門諮詢的高度專業或支援人員，預算遭到刪減，早已不再是可以貼心陪伴的體制。

更令人憂心的是，二〇一九年四月十日舉行的「經濟財政諮詢會議」的議事概要中，記錄了總務大臣石田真敏的以下發言：

「就職冰河期世代的人生再造如同資料二之一所提，地方部門指出農林水產業、建築業和地方產業等都有人力不足的情況，另一方面也為了創造永續的地區總體營造，必須確保有產業的推手。如同民間議員的批評，就職冰河期世代的就業穩定化也是重要的課題。另一方面因為有確保地方推手的需求，將兩者配對，對於促進地方就業大有助益。更重要的是要基於這樣的觀點，建構地方支援體制，以一站式的方式統籌提供職業訓練、就業諮詢、居住等生活環境相關資訊，讓地方能多了解冰河期世代。」

所謂的「資料二之一」是指，竹森俊平（慶應義塾大學經濟系教授）、中西宏明

（日立製作所取締役會長）、新浪剛史（三得利控股代表取締役社長）、柳川範之（東京大學研究所經濟學研究科教授）四位聯名提出，標題為〈針對就職冰河期世代人生再造〉的文件。這四位主張，「透過結合促進人才往地方移動的策略計畫，應該可擴大讓就業穩定的選項。現在地方各領域產業缺乏中間管理階層的人才，進行重點應為開發的能力要能因應地方的人才需求，及所需的職業技能。」

以這種形式僱用正職員工，勉強冰河期世代移往他處定居的「支援」做法，絕對難以順利執行，如果對冰河期世代懷有過多的期盼，希望從中找出財經界人士與經濟學者需求的「中間管理階層人才」，結果應該也只會產生更嚴重的配對錯誤。這些人從未嚴肅看待冰河期世代的種種狀況，再怎麼討論也提不出一個認真可行的方案，這是目前的實際狀態。

必要的「教育給付」

我想提出的有效替代對策，是新設立一種「訓練給付」的制度，提供重新進入大學等的經濟支援的「教育給付」，或是取得資格所需的費用，和全額補助取得資格期間的生活費用。

不是單以協助就業終結，如果想與永續就業連結，再教育或職業再訓練的架構是最基本的必要協助。一般擁有資格的人離職率較低，如果能取得「謀生」的資格，即便輾轉於各家公司，也較容易長期在特定的產業工作。對老後年金或儲蓄方面較不利的「之後轉正職員工」，或老後仍可持續工作的自營業者，從這一點來看，擁有資格也最為有利、方便。

雖然前面所說的這些都是不證自明的事，但是實際上許多人因為「為取得資格，必須一段期間辭去工作」而猶豫不決，有鑑於此，提供資格取得期間的生活費，同時也全額補助再教育或職業訓練所需的費用，政府應該要能做到。

日本在二〇二〇年度起導入「短期資格學習課程」，冰河期世代受訓者為職業訓練給付金的給付對象，預定在訓練期間每個月給付十萬日圓，另外，如前面所提，為了讓仍在非正式工作的受訓者可一邊工作一邊受訓，預計可透過夜間、周六、日、e

化課程等，即使在家都可以接受訓練。

但是一個月十萬日圓的生活費，老實說很困難，若是這樣，只有一部份的人可透過父母的協助參加課程。仍有非正式工作的人白天工作，夜間或六、日參加訓練應該會很吃力。雖然制度架構也包括所需的支援，卻總讓人感到「左右支絀」、虎頭蛇尾，看不出政府的真心決意。

就職冰河期世代支援專案整體看來，總難以揮去敷衍了事的印象，政府需要提出更有決心的政策。

再者，前面提到有關就職冰河期世代支援推進的關係府省會議上根據〈就職冰河期世代支援相關行動計畫二〇一九〉的決定，低所得者、高齡者和身心障礙者可利用「生活福祉資金」制度，透過日本全國都道府縣的社會福祉協議會取得融資。制度中針對冰河期世代設立新的選單，也刊載了冰河期世代在學習技能期間內，能借貸維持生計所需資金的計畫。

另外，定期償還借款的期間（還款延緩期間）從以往的「自借款日起六個月內」

鬆綁為「養成課程完成後的六個月內」。為了在各都道府縣實施這項措施，厚生勞動省提前在二〇一九年起給予都道府縣需要的資金補助。

但是這項「新選單」，適用對象為市町村個人住民稅免課稅者（年所得未達一百二十五萬日圓），條件相當嚴苛。畢竟這原是貸款而非給付。

整體雖稱為生活福祉資金制度，但是貸款制度原就只能適用於尚有一定餘力的階層，因為期待他們能在生活安穩後償還貸款。所以如果無力償還該怎麼辦？一定會產生這樣疑慮。包含冰河期世代在內，為生活匱乏的階層提供支援，原則上應該要採取給付的方式。

日本對失業者的補助微薄

為了接受能成為正職員工所需的訓練，一定要持續非正式工作是很缺乏常識的作法。為何不辭去現在的工作，專注於職業訓練和再教育？

原本在日本，失業者適用的社會保障就過於貧乏，例如：失業保險給付期間只有九十天至三百六十天。這點放眼歐洲各國則大不相同，在歐洲約可領取三年至四年的給付。失業時不必擔心瞬間失去人生的方向，基本上還可獲得參加職業訓練學校所需的費用補助，所以勞方也不需要因為失業而感到危機重重。

尤其在荷蘭等國家失業者的生活保障非常完善，所以失業期間反而可以坦然面對家人尋找下一個工作，甚至還有考慮提升自我技能計畫的時間。

失業期間完全不會苦惱到要自殺，也很少人自暴自棄，從這裡可看出與日本的極大差距。

歐洲失業率各國皆高，一些國家常維持在一〇%左右，但失業率造成的問題卻較少，這也是因為社會也以某種積極的態度面對失業。

這種想法的基礎在於，失業者為資本主義社會下相對過剩的人口，再說得淺顯易懂些，傳統上馬克思主義經濟學將這些人視為「產業預備軍」。資本主義社會中，新產業興起時，會期望盡量快速地將勞動力轉向新興產業，因此勞動力常保有一定比例的剩餘（過剩）狀態，以便因應產業轉向。所以對於屬過剩勞動人口的失業者，某種程度上認為社會要給予包容較好。

政府也是如此，如果有成長可期的產業興起，可在引導勞動力進入這項新產業的前提下，有計畫地打造勞動市場。當然，現在對屬於過剩勞動人口的失業者進行職業訓練時，也要預計要引導他們進入新產業。

所以在荷蘭、法國和北歐各國，失業者直到找到下一個工作前都可持續請領給付金，在職業訓練學校接受新產業的說明，以及其相關所需的技能指導，可以不用太吃力就能取得工作需要的資格。

如果在日本，失業者只會聽到失業基本上責任在己，不論是工作就職，還是找不到自己希望的工作處於半失業狀態，若想解決這種處境就請自行努力解決。一直以來政府或社會一向擺出不涉入個人就業的態度。

但是，如果日本也能稍微參照歐洲的想法，將失業者和半失業者視為孕育新產業的「保險」，給予溫情保護，就應該不會只出現責任在己論的聲浪。

各國工會在協助失業者或協助求職者的斡旋中，長年反覆實踐這些有效的制度，更曾要求政府將其制度化。但日本有著政府過於敵視工會的歷史，可以說共同討論有效政策的土壤本身就很貧瘠。

來不及的世代

歐洲各國至今已累積了長久的實戰經驗。英國在走向資本主義期間，不斷在勞動者身後鞭打（正如字面所示是用鞭子催逼），勞動者被工廠長時間高強度又苛刻的工作束縛，不但生產力沒有提升，還頻頻發生有組織的暴動、毀壞工廠機械、罷工，使社會充滿不安定的氛圍。

後來資本家發覺自己也會受到威脅，因而開始反省，學習向勞動者妥協並退讓，盡可能給予優厚的待遇。在這樣的過程中制定了各種先進的制度，如提撥稅額（以前的濟貧稅）和社會保險費，完善分職分工與社會保障制度。

在失敗也是成功的過程中，歷經勞資和各種立場的喧囂爭議才建立了現今的制度。

日本想一步登天地走到這樣的目標，想當然爾是難如登天。正因為如此，我並不打算提出效仿歐洲各國，或效仿即有效等荒謬的方案。

至少冰河期世代的勞動者自己要透過工會，能夠更有組織地在勞資場合一點點反映出自己的意見、開始討論，這個時候才能培育出土壤，從中誕生出真正的支援政策。

舊時代的認知已不再適用於日本，換句話說，企業統一徵用應屆畢業生進公司，進公司後在這家公司工作到退休，只要持續長期任職每年就會加薪，也會提供家庭津貼、居住津貼，所以可以組織家庭，也可以靠厚生年金安養天年。這些過去的方式已不再適用於現今，冰河期世代尤其是第一個發生不適用的世代。也因為這樣，政治家也好，官僚體系也罷，都不清楚該如何支援冰河期世代，大家現在仍然相當混亂應該就反映了這一點。

歐洲的工會是集結個別當事人，一邊提供力量一邊將參與者轉變成一起訴求權利與政策的主角，這裡讓人強烈感受到日本與歐洲的差異。

所以今天至少要先了解現狀，也就是大家至少一定要正確掌握就職冰河期世代的人有多麼艱困、有怎樣的困擾。現在的日本，勞動者分成三層結構，「日本型正職員工」、「邊緣型正職員工」、「非正職與非僱用員工」。在這之中，我也希望大家了解，邊緣型正職員工是正職員工的變質，他們的處境早已落得和非正職員工所差無幾。我不得不說現階段依舊處於政府想投機取巧，暗暗以「轉為正職員工」為目標，但體制上仍未能提供適當的協助。

資本主義的現況已淪為，企業無法保證給勞動者充足的薪資，勞動者光靠薪資生活卻陷入困境，日本也不能例外。

歐洲各國至遲也早在四十年前從英國柴契爾政府的時代開始討論，「如果勞動者的生活保障交由企業負責，而企業無法負責，結果造成無法再產出勞動力，使社會整體陷入停擺」的情況，經過這些討論累積，結果現在能導入即使不依靠企業，也能獲得社會保障的制度。

對於這些勞動者，歐洲仍將他們視為社會保障的對像，不斷努力達到「社會保障

三．〇」或「社會保障四．〇」。與之相比，今日的日本直到近十幾年才終於擁有共同的認知：「社會保障交由企業負責並無法順利執行」，說起來日本現階段或許才剛站上「社會保障一．〇」的位置。

不對，如果從政府還打算對企業保持期待，偶爾給付補助金「拜託」企業，藉此解決冰河期問題的角度來看，現在日本應該只勉強停留在「社會保障〇．五」吧！

政府首先應自己先獨立，不要委託企業，這是最基本的起跑線，如果不這麼做就沒有開始。且即使決定開始行動，若不獨立開始逕直推動政策，不管失敗多少次，累積多少經驗，也只是讓社會整體稍稍成熟。

但是，冰河期世代已經沒有多餘的時間，只等待這樣的社會成熟。我之所以認為一定要將冰河期世代稱為棄民世代，就是因為他們已經是「來不及的世代」。

第四章

是誰催生了棄民世代

為時已晚的「就業勞動支援」

本書在第一章解說了冰河期世代背負的不幸命運，第二章則不加修飾地陳述了這個世代中有許多人將面臨令人絕望的未來。接著在第三章談論到政府遲來卻仍打算執行的對策有多偏離現實，完全無法給予冰河期世代充份的支援與救助。

從第四章起，基於前三章的內容，我想將至今依照大家慣稱所定名的世代名稱「冰河期世代」，依照書名改稱為「棄民世代」。並且，進一步論述這一個世代。

分明只要在過去某個時期有適時採取行動，不對，政府對於可預見的情勢只要沒有疏於因應，這個世代應該不至於被稱為棄民世代。這讓我不得不批評政府對此出手過慢。

好比政府想透過「就職冰河期世代支援專案」推動協助就業、協助取得資格等的政策，這些都應該在棄民世代二十至三十歲階段的黃金時期推動才對。

人一過四十歲，無論在體力或心力方面都會開始衰退。他們都已到了這個年紀，還要完全以新人之姿進入企業工作適應各個企業，並非易事。要付出比年輕時不知多少倍的努力才能學會一技之長，但可獲得報酬的時間卻已不長，所以即便能工作到退休年齡，或許只有少數人可存到老後得以安享天年的儲蓄。進一步來說，像在日本這樣的社會中，中年人要在年輕人的指導下工作，不論是教導者還是受教者，對彼此來說，應該都處在壓力滿滿的氛圍中。

但對我主張政府分明至今對於棄民世代的支援「毫無作為」，可能有人會持反對的意見表示「這不是事實」。

或許有不少人還記得，安倍晉三政府從二〇二〇年四月開始的「就職冰河期世代支援專案」，是他在十四年前，也就是二〇〇六年九月二十六日至二〇〇七年八月二十七日，第一次執政時就曾提出的政策——「成為可再次挑戰的社會」。

此時，第一次安倍政府宣告協助「再次挑戰」的對象屬性範圍相當地廣，包括飛特族、尼特族、多重債務者、因育兒長期離開職場或長期被配偶家暴的女性、離職的團塊世代、事業失敗者等。特別為飛特族和尼特族等棄民世代推行的政策，除了有「由公共職業安置所提供飛特族常用就職支援」，還有「Job Café（各都道府縣設置的一站式青年就職支援設施）的就職支援」、「擴充青年自立宿舍」等。

「擴充青年自立宿舍」是指，厚生勞動省委託財團法人日本生產性本部，進行為期至二〇一〇年三月為止的尼特族就業支援。這個「宿舍」會透過三至六個月的合宿，進行團體生活訓練、職場與勞動體驗、工作坊等，期望尼特族青年「獲得職場人、社會人所需的基本能力，建構勤奮的觀念、建立工作的自信與熱情」。然而仔細探究，第一個年度入住宿舍的人數為四百六十六名，大大低於預期的一千兩百名。截至二〇〇九年十二月累計入住宿舍人數竟只有兩千八百名，從合宿畢業的六個月過後，就業勞動率約止步於六一％，在民主黨執政下二〇〇九年舉行的事業分類（行政刷新會議）中指出，此項專案參加的人數比例偏低，得出「應該廢止」的結論，結果沒多久就實際廢止了。

二〇二〇年起的就職冰河期世代支援專案中沒有出現「尼特族」的字眼，代替的是繭居族等被社會孤立受困的人，厚生勞動省成立的「協助支援人員」會分別拜訪，提供就業的協助，預定進行為期三年的期間措施。

總之，第一次安倍政府的「再次挑戰」支援中，許多為棄民世代規劃的政策，與二〇二〇年的「支援專案」在基本方向上幾乎相同，且這些政策不論哪一項都在無法取得明顯的成效下，不知不覺消失並廢止。

反過來說，在棄民世代仍二十多歲、三十多歲階段執行皆無成效的政策，在他們來到四十多歲之後，或許多少有些不同，不如再執行一次看看，這就是這次支援專案的真相。這次的專案說穿了不過是虛有其表，從這一點來看大家應該也能清楚明白。

如果有發生「第三次嬰兒潮」

對棄民世代而言，比起立業，成家更完全被耽擱。因為日本傳統上對老後的生活規劃為，結婚生子，孩子長大成人照顧自己的老後。但在棄民世代已經四十歲的今天，這早已是不切實際的事。

前面也稍微提到，二〇一五年時的終生未婚率，男性為二三・四％，女性為一四・一％，在同一年的國勢調查中，四十至四十四歲的男性未婚率為二九・三％，四十五至四十九歲為二五・二%，四十至四十四歲的女性未婚率為一九・一%，四十五至四十九歲為一五・三%，超過四十歲的未婚率與終生未婚率逐漸接近。換句話說，這不禁讓人思考，在三十歲年齡層之前都沒結婚的人，過了四十歲後能結婚的機率相當低。

日本戰後曾有兩次嬰兒潮。第一次嬰兒潮在戰後兩年，一九四七年至一九四九年「團塊世代」出生的時期，這三年的出生人數每年都超過兩百六十萬人，總和生育率[1]高過四・三。第二次嬰兒潮從這個世代長大後擁有自己的小孩開始，指的是一九七一年至一九七四年左右的約四年，雖然沒有團塊世代這麼多，但這個時期的出生人數每年也超過兩百萬人總和，生育率也維持在二・一。

因此，這個時期出生的「團塊二代」來到一九九〇年代至二〇〇〇年代前半，正值適婚適孕期，如果按照本來的發展，應該可以期待會發生「第三次嬰兒潮」。早在好幾十年前就有人已經指出，這個世代生養多少孩子將不只影響日本將來的人口，還會左右社會保障體系等社會體制。

但是，事實上是這個世代一過二十歲，就出現大量因為無法以正職員工身分就業，只能從事不穩定工作的低所得者，無法超過「年收入三百萬日圓門檻」。面對他們，安倍政府第一次只推出了如同「再次挑戰」般中途而廢的支援，結果這些人大多就這樣沒能結婚、沒能生育就來到了中年。

二〇一〇年十二月厚生勞動省發表的人口動態統計特殊報告中顯示，團塊二代女性在三十四歲前生產的新生兒人數平均為一・一六人。接續在團塊二代之後的一九七五年至一九七九年出生的女性在二十九歲前生育的新生兒數也非常低迷，低於一人以下，厚生勞動省至此宣告第三次嬰兒潮「確定幾乎不會發生」。

但政府最晚也應該在二〇〇〇年代中期之前正視現實，如果在預測將來之時，認真規劃讓第三次嬰兒潮發生的政策，日本少子高齡化的現象就不會變成如今這樣棘手的問題。

註—總和生育率是指婦女一生中生育子女的總數。

請大家不要誤解的是，婚姻本來就是制度中的一種，而不是「可能」或「不可能」的事。當然也有「要」或「不要」結婚的權利。單純從女性身上來看，現代女性在成長過程中，看著沒有步入社會，一直忙於家事、育兒、照護等照顧工作的母親身影，也有很多人對結婚制度的本身存疑。我想進一步強調的是，不能說女性不生孩子不對，主張沒發生嬰兒潮的責任在女性是項錯誤。

女性生育小孩不是義務也非一定，這裡要指出的是，必須進行能保障權利或是擴大選擇可能性的政策。像這類保障女性權利，或擴大選擇可能的政策，不只在棄民世代，甚至到現在幾乎都沒出現可發揮成效的作法。

近年的男女差距仍舊不動如山，性別落差指數也落在全球的一百二十一名（二〇一九年），情況相當悲慘。從單親媽媽的窮困案例中，也能感受到其中的嚴重，可以說日本沒有能安心生育孩子的環境。只能說我們還是必須先完善環境，使婚外生子、離婚、低所得者都能安心生育孩子。

這樣的談論已經持續了幾十年，但要讓女性的意見被社會接納，還是一個棘手的難題。光看國會也能了解，國會議員多為沒有協助育兒的高齡男性，無法期待他們在國會中意識到這是一項重要的政策，討論擴大女性的權利保障。即使打出流於表面的「男女平等」與「男女共同參與」口號，現實也不曾有過改變。

二〇〇七年日本的厚生勞動大臣（當時）柳澤伯夫曾發表「女性是生孩子機器」的言論，二〇一九年前奧運大臣（當時）櫻田義孝也曾說過「認為不結婚也沒關係的女性增加。希望孩子輩、孫子輩能至少生三個」，這些言論象徵了政治家的真實心聲。

政治家們沒有展現討論出可行政策與努力執行的態度，自始自終都從自私的理由出發，不是獎勵生育就是表示女性有生育義務，仍舊持續表現強制女性的卑劣言行。我想說的是，這些政治家荒謬絕倫，且逃避政治家的責任，非常「恬不知恥」。

生孩子是女性的權利，如果無法提供一個更良好的環境，女性是不可能行使、選擇這項權利的。

對棄民世代的錯誤政策依舊蠻橫侵害女性的權利，如果政府不好好檢討這一點，今後也絕對不會擴大對女性或青年的支援政策，下一個世代仍將持續承接相同的痛苦。

派遣法「推動之父」中曾根康弘

那麼將棄民世代置之不理的期間，政府實際上做了哪些事？

戰後日本的生育率在一九八九年為一・五七，低於一九六六年的一・五八。一九六六年正逢六十年一次的丙午年，一般民眾迷信這一年出生的女性「性格剛烈會剋夫」，即便已是昭和時代，地方仍對此廣為流傳。因此前後年的出生率下降是可以解釋的現象，然而一九八九年這一年並沒有這類特殊的相關傳說，但出生率卻比丙午年還低。

左圖列出了發生「一・五七震盪」的一九八九年至今的歷代主政者。

這個期間的大半主政者都依照企業界的要求，步伐堅定地漸漸推進讓僱用不穩定。尤其對棄民時代造成極大負面影響的，正是《勞動派遣法》的立法與因多次修訂造成的管制鬆綁。如果僱用容許例外，容許低薪資或不穩定，這些數量一下就會增加，目標範圍很快就會加大，這是很顯而易見的事。

歷代主政者（1989年-2020年）

第71任	中曾根康弘（第1次）	1982/11/27～1983/12/27	自由民主黨
第72任	中曾根康弘（第2次）	1983/12/27～1986/07/22	自由民主黨、新自由俱樂部
第73任	中曾根康弘（第3次）	1986/07/22～1987/11/06	自由民主黨
第74任	竹下登	1987/11/06～1989/06/03	自由民主黨
第75任	宇野宗佑	1989/06/03～1989/0810	自由民主黨
第76任	海部俊樹（第1次）	1989/0810～1990/02/28	自由民主黨
第77任	海部俊樹（第2次）	1990/02/28～1991/11/05	自由民主黨
第78任	宮澤喜一	1991/11/05～1993/08/09	自由民主黨
第79任	細川護熙	1993/08/09～1994/04/28	日本新黨與其他黨組聯合政府
第80任	羽田孜	1994/04/28～1994/06/30	新生黨與其他黨組聯合政府
第81任	村山富市	1994/06/30～1996/01/11	日本社會黨與其他黨組聯合政府
第82任	橋本龍太郎（第1次）	1996/01/11～1996/11/07	自由民主黨與其他黨組聯合政府
第83任	橋本龍太郎（第2次）	1996/11/07～1998/07/30	自由民主黨與其他黨組聯合政府
第84任	小渕惠三	1998/07/30～2000/04/05	自由民主黨與其他黨組聯合政府
第85任	森喜朗（第1次）	2000/04/05～2000/07/04	自由民主黨與其他黨組聯合政府
第86任	森喜朗（第2次）	2000/07/04～2001/04/26	自由民主黨與其他黨組聯合政府
第87任	小泉純一郎（第1次）	2001/04/26～2003/11/19	自由民主黨與其他黨組聯合政府
第88任	小泉純一郎（第2次）	2003/11/19～2005/09/21	自由民主黨與其他黨組聯合政府
第89任	小泉純一郎（第3次）	2005/09/21～2006/09/26	自由民主黨與其他黨組聯合政府
第90任	安倍晉三（第1次）	2006/09/26～2007/09/26	自由民主黨與其他黨組聯合政府
第91任	福田康夫	2007/09/26～2008/09/24	自由民主黨與其他黨組聯合政府
第92任	麻生太郎	2008/09/24～2009/09/16	自由民主黨與其他黨組聯合政府
第93任	鳩山由紀夫	2009/09/16～2010/06/08	民主黨、社會民主黨、國民新黨
第94任	菅直人	2010/06/08～2011/09/02	民主黨、國民新黨
第95任	野田佳彥	2011/09/02～2012/12/26	民主黨、國民新黨
第96任	安倍晉三（第2次）	2012/12/26～2014/12/24	自由民主黨與其他黨組聯合政府
第97任	安倍晉三（第3次）	2014/12/24～2017/11/1	自由民主黨與其他黨組聯合政府
第98任	安倍晉三（第4次）	2017/11/1	自由民主黨與其他黨組聯合政府

日本原本禁止勞動者派遣，就是擔心勞動者派遣的方式搶去正式員工的工作，造成讓僱用不穩定的「經常性替代」。

在一九八五年中曾根康弘內閣任內，首次訂立法條依據——《勞動者派遣法》（正式名稱為《勞動者派遣事業適正營運的確保及派遣勞動者就業條件的整備等相關法律》），限定在難以經常性替代、必須具備專業知識技能的部份業務，可以將勞動者委外解禁。

制定此法條時的目標業務共有十三項，包括：「軟體開發」、「辦公室機器操作」、「口譯、翻譯與速記」、「秘書」、「文件整理」、「調查」、「財務處理」、「商務資料製作」、「示範教學」、「導遊陪同」、「建物清潔」、「建築設備操作、檢測與完善」、「導覽、接待與停車場管理」，但是卻在隔年一九八六年實行時，早早追加了「機械設計」、「播放機器等操作」、「播放節目等安排」三項業種，許可了十六項業種可以使用人才派遣。

二〇一九年十一月二十九日堪稱派遣法「推動之父」的前首相中曾根康弘以一〇

一歲的高壽去世，一般認為這位大人物任職首相期間最大的「政績」為成功促進舊國鐵分割達到民營化。但是在這項民營化的背後，實際目標其實是弱化日本勞工運動，中曾根自己在往後的幾年於受訪中曾多次提及。

舊國鐵在鼎盛時期的員工約多達六十萬人，其中許多人加盟國鐵工會（國勞），國勞也構成了日本工會中央組織日本工會總評議會（總評）的最大勢力。中曾根藉由分割國鐵完成民營化，使國勞步向解體，還策劃藉此弱化當時受國勞與總評支持的最大在野黨社會黨。

日本工會與政治權力牽連甚深，因此與政治權力合為一體，最終以捲入政治角力的形式與社會黨一起快速消失於歷史的主要舞台。

從歷史的教訓可知，支持特定政黨的樁腳與組織，有時會牽扯進政治權力的角力當中，容易成為掌權者攻擊與批判的目標。現在仍有工會支持特定政黨並成為其樁腳，想當然爾會明顯成為被猛烈攻擊或拉攏的目標。工會和政治的關係與距離是現在進行式的重要課題，並已慢慢浮現在眾人眼前。

二〇〇五年十一月二十日在ＮＨＫ的採訪中，中曾根這麼說：

「國勞是總評的核心，所以我一定要將它解體。因此，我一當上總理大臣，就認真推動國鐵民營化。多虧大家的協助得以實現。最反對民營化的國勞也解散崩壞。總評、社會黨也隨之解體。這是我一心想完成的事。」

另外，《AERA》一九九七年一月十六日號刊也曾採訪提問到：「結果很大程度上意味著，您是摧毀日本『左派』的男人囉？」他大言不慚地這麼回覆：

「沒錯，我標榜的是新保守。自由主義就是這麼回事。……與社會主義、社會民主主義鬥爭，自始至終。……因為我想讓總評解體。如果國勞解體，總評也會解體，我是明確意識到這一點而行動的。」

對實現自身權利，個別僅有微薄力量的勞動者集結一起，受工會法保護的工會力量至關重要。但是截至二〇一九年六月，日本工會的組織率仍跌落至一六・七％。

由於一九八〇年代日本最大工會國勞的弱化，日本勞工運動受到極大的打擊。無視勞動者的意見，對產業界有利的「改革」風浪一波接著一波，自中曾根時代掀起的可說是一波相當巨大的風浪。

政府依財經界指示鬆綁管制

日本經濟團體連合會（經團連）的前身日本經營者團體聯盟（日經連），在一九九五年五月發表了〈新時代的『日本的經營』──應挑戰的方向與其具體策略〉報告書。這份報告書中，日經連針對泡沫經濟崩盤後的日本企業，建議進行人事戰略，將勞動者分成「長期蓄積能力活用型小組」、「高度專業能力活用型小組」和「僱用彈性型小組」三個小組。

最上層的「長期蓄積能力活用型小組」，也就是只長期僱用管理職和主管級員工，其他兩個小組有替換的可能，不需要給獎金、不需要加薪、也不需要負擔僱用保險，可從外部徵用人才，藉此鼓勵控制總人事成本。

但是為了執行這項建議，必須大幅鬆綁當時還存在的勞動者保護規制，一九八六年開始的《勞動者派遣法》也還需要進一步擴大適用範圍。之後執政黨自民黨幾乎全盤推動日經連的這份「改革」。

一九九六年橋本龍太郎內閣新增「研究開發」、「事業執行的企劃與立案」、「書籍等製作與編輯」、「廣告設計」、「室內裝潢設計諮詢」、「廣播員」、「辦公自動化指令」、「銷售工程師業務」、「播放節目等大小道具製作」、「電話行銷業務」十項業種，共計有二十六項業種可以進行派遣。

一九九九年小渕惠三內閣又大幅鬆綁管制，除了港灣、建築、警衛、醫療、製造這五項業種之外，所有業種都有派遣的可能。因此許多企業都加入了派遣這個行業，二〇〇〇年森喜朗內閣還解禁了「介紹預定派遣」[2]的規範。

接著，二〇〇三年三月小泉純一郎內閣以「改善勞動供需平衡」、「擴大僱用機會」等名義，名正言順地將製造業和醫療業務的派遣都予以解禁。

此外，還將二十六項專業業種的「三年」派遣期間上限延長為「無期限」，其他除了「製造業」外的業種派遣期間也從「一年」延長為「三年」。隔年二〇〇四年不但將介紹預定派遣的試用期間訂為最長六個月，還解除了事前面試的步驟。二〇〇七年甚至製造業的派遣時間上限都與其他業種一樣延長為「三年」。

對勞動者而言能被安穩僱用的環境接連遭到瓦解，被推落到低薪、未來不安的漩渦中。另一方面，隨著媒體不負責任地大肆將派遣、非正職工作宣揚為「不受公司束縛的自由工作型態」、「飛特族的新形態工作模式」，他們將這樣的言論散布給年輕族群，在社會中深深植入態度積極的全新青年群像。

當然這些言論賦予的形象並沒有表達出這種工作方式是年輕人別無選擇，而是所謂的責任在己，是自己選擇這種不穩定的工作方式。

這股風浪直到歷經二〇〇八年雷曼金融海嘯和派遣中止後，二〇〇九年九月新任的民主黨政權提出修訂派遣法，才稍微暫時停歇。

同黨政爭的同年八月，眾議院政權公約（Manifesto）中提出一條「原則禁止製造業派遣」的條文，開始修訂派遣法，除了這條公約，還加入了「原則禁止日僱派

註2介紹預定派遣是指在以成為正職員工為前提下，在一段期間內以派遣的形式就職。一般而言這段期間不會超過六個月。

遣」[3]、「離職員工離職一年以內禁止以派遣員工的身分採用」、「派遣公司有義務公開利潤（派遣費與派遣勞工的薪資差距）」等。這項勞動者派遣法修訂案在菅直人首相時代的二〇一〇年六月向眾議院提出。

然而，這項派遣法修訂遭到自民黨與公明黨兩黨的強烈反對，無法進入實質審議，延宕了一年半的時間。

結果法案雖然於二〇一一年十二月民主黨政權最後一任首相野田佳彥政權時成立，並且於二〇一二年十月執行，但是隨著法案成立，政府也依自民黨與公明黨的請求刪除了「原則禁止製造業派遣」的條文。

之後二〇一五年第二次安倍政權進行了派遣法的修訂，採取了「規範派遣期間（採用以三年為上限）」、「促進派遣員工的待遇與接受派遣的企業員工平等」、「需盡到讓僱用穩定的義務」（派遣公司有義務安排繼續僱用所需的措施）、「協助促進派遣勞工的職涯提升」、「所有勞工派遣事業轉為許可制」等。

多虧二〇一五年的法條修訂，《勞動者派遣法》持續擴大的「負面」形象終於被注意，讓人感受到政府有制止就業不穩定和低薪的想法。但是，勞資角力關係差距明顯過大，無法規範資方強大的權限，無助於派遣勞工工作的舒適與安定。

尤其派遣期間上限規定為三年，所以到了兩年半、兩年十個月時停止僱用、終止僱用的案例仍舊層出不窮。為了穩定僱用，必須從法律上要求將派遣勞工聘用為正職員工或採無限期僱用，但是這還稱不上是一條可行之路。

我一再重複，勞資雙方的角力關係自中曾根政權以來，勞方明顯瓦解，資方則處於擁有壓倒性力量的時代。在這樣背景基礎下的勞動法制的修訂，不論條文詞藻多麼華美，現實上都不能成為勞方的後盾。

更何況大多的派遣勞工並未組織工會。現在是連正職員工和常用受僱勞工都沒有組織工會的時代。因此工會連會員都沒有，大多缺乏實現訴求的途徑。

註3日本的日僱派遣是指通常工作期間在三十日之內，以契約形式聘僱的短期派遣。

小泉和竹中的責任

不過如果要談到影響惡劣的程度、甚至留下禍根的主政者，別無他人應該就屬二〇〇一年四月至二〇〇六年九月，歷時五年五個月的小泉純一郎政權。

正如前面所說，小泉政權在二〇〇四年三月對製造業的派遣解禁，使日本的非正式僱用量一口氣激增。即便到了民主黨主政時期推動的二〇一二年派遣法修訂，及之後的二〇一五年修訂，這個現象仍持續至今無法改正。

社會允許派遣勞動者增加，就會變成傾向全面增加非正式員工，壓低人事成本，不以正式員工僱用也沒關係。不論政界多大聲疾呼「同工同酬」的必要性，僱用型態一旦崩塌，就難以導正。

另外，不只勞動者走向派遣制，還有調降所得稅最高稅率和法人稅稅率；但與一味優惠高所得者和大企業相反，醫療、長照、年金、生活保護等社會保障的各個領域持續被削減，加重大多數國民的負擔。

這也是歷史教訓吧，強者們的利益提升了，弱者們也不會因此有任何受惠。從平成時期的小泉政權也可看出，那個時代專注於推動讓經濟強者富裕的政策，卻也是大多數中下階層，也就是經濟弱者的苦難時代。

引領指揮推動小泉政權一連串改革的，正是擔任小泉政權經濟財政政策大臣的東洋大學教授竹中平藏。

小泉和竹中的改革使得非正式僱用急遽增加，結果日本青年未婚率成了先進國家中的最低水位。由於僱用結構產生變化，尼特族或繭居族也成了社會問題，以棄民世代為主產生低薪的現象，孩童窮困與虐待事件也持續擴大。

現在，非正式僱用的現象在高齡者族群有明顯增加，但學生等年輕族群也一樣多以非正式僱用的形式工作。年輕族群的自殺率與其他先進國家相比，依舊處於較高的水位，年輕人死因的第一名常是自殺而非生病或事故。

並不是沒有需要為此結構改革負責的人，只是責任歸屬模糊又隱晦，但我們只要冷靜回顧就可一目了然。應該有必要對小泉政權的竹中平藏、參與經團連政策建議的相關人等，評斷他們身負的歷史罪過。

另外，竹中還曾鼓動一種期待感，「企業營收提高，日本經濟提升，百姓一定能受惠」等（《等等！竹中先生，安倍經濟真的錯了嗎？》WANI BOOKS，二〇一三年），但小泉和竹中改革後，個人消費完全沒有增長。總之對棄民世代來說，一點好處也沒有。政府自始自終都一直在欺騙我們，這樣的說法一點也不過份。

而且，竹中助長了日本派遣勞動的現象，播下了窮困的種子，還在退出政界後接受保聖那董事長一職，這家大規模的人才派遣公司現在也承攬許多地方政府的委託，支援生活窮困的人。這不是政治商人甚麼才是政治商人。

從泡沫經濟崩盤到現在，日本社會的病灶與繁多的社會問題，都引發自僱用破壞與崩塌，我認為甚至可以斷言，這意味著全部的社會問題都起因於竹中平藏。至少創造出棄民世代的最大責任，毫無懸念在於竹中平藏和小泉政權。我想就此直接了當地下結論。

二〇一九年一月東洋大學文學院哲學系四年級學生在大學校內設置了「反對竹中平藏授課」的立牌，才剛在散發批判竹中平藏的傳單時，隨即被大學職員帶走，花了整整兩個半小時調查事情的來龍去脈，還暗示學生退學，對他施壓，這個事件一度造成話題。

這位學生散發的傳單中，毫不留情地寫著：「錯誤修訂《勞動派遣法》為國家帶來莫大的損失。大幅擴及一直限制的業種，助長國家的非正式僱用者增加」、「錯誤修訂《勞動者派遣法》，是因為可以讓竹中平藏自己當會長的公司獲得利益。簡直將國家私有化」等。但是這些批判都是事實，也極其正確。

自由媒體或評論家對竹中的批判也不少，但我一直覺得他們的評論不痛不癢。竹中退出政界後，仍滿嘴「不需要正職員工」、「不能在時間內完成工作，生產力低的人，給這些人加班費等補貼實在太奇怪」等言論。這個人在媒體的介紹欄中，為何總省略「保聖那會長」這個最實際的抬頭，只標註「東洋大學教授」、「慶應義塾大學名譽教授」等，對這點我也覺得很奇怪。

這名大學生喊出的徹底批判才是主流媒體記者與學術評論家應該提出的論點。

棄民世代和責任在己論

年輕人在高中或大學畢業時，就獲得企業正職員工的資格，有了這個身分，以終身僱用為前提，在企業研修，經過長時間的歷練，打造自己的職業生涯，這是在棄民世代長大成人之前的日本還存在的模式。但是，棄民世代的情況是，從學校畢業之時，撞上了極為罕見的徵才緊縮時期，只有極少數人適用這套日式僱用慣例，獲得就職的資格，大多數人只能得到派遣等非正職的工作。

另一方面，社會仍依照人事慣例維持應屆畢業生統一採用的傳統，所以面對稍微晚於自己的世代因景氣回暖受惠，擁有與自己前一世代相同的就職資格，棄民世代也只能側目。他們之中有人好不容易熬到中年，終於成為一家小公司的正職員工，也有人現在仍屈居於非正職的工作。

但是，不論如何，他們錯失了年輕時為了勝任主管工作，需在日本企業接受的內部研修機會，所以與前後世代相比，許多人的薪資相對較低，也無法鍛鍊技能。

這些都是因為日本僱用結構變化，直接衝擊棄民世代「打造人生基礎」時期所造成的結果，棄民時代是由社會中誕生出來的被害者。但實際上，救助棄民世代的輿論卻不甚熱絡，就這樣過了二十年、三十年。

棄民世代無法取得正職員工職位、無法結婚、全都是他們自己不夠努力，欠缺資質才會招致這樣的結果；把責任歸咎於社會只不過是「任性」，這些責任在己的說法一直不斷地左右日本社會。這類責任在己的咒語，不但束縛著與棄民世代無關的第三方，除此之外也束縛著棄民世代的父母，最重要的是棄民世代當事人本身許多方面都因此受到束縛。

結果陷入「自己不幸是因為自己不好」的念頭，一定有許多人未曾想過向社會大聲求援，以改善自己的處境。

尤其最常歸結責任在己的代表性說法，應該就是有沒有「溝通能力」。大家認為「溝通能力」等迂迴的能力很重要，棄民世代因為在迂迴判斷方面能力不足，因而遭到就業市場淘汰。

日本經濟團體連合會（經團連）針對加盟企業，每年會進行有關應屆畢業生招募的問卷調查。在二〇一八年版問卷中，有一項提問「徵才時最重視的項目」，回覆「溝通能力」的企業竟多達八二・四%，而且還連續十六年成為回覆的第一名。

如果企業有八成以上最看重溝通能力，如果這就是取得正職所需的最低門檻，缺乏這項能力的人被剔除也無可奈何。如果看到這個結果，很容易讓人貿然下此結論。我不指名道姓，但事實上持新自由主義論調的人中，有人認為「非正職者不受企業青睞是因為溝通技巧差」，而要求「努力提高溝通能力」。

反映出這股風潮的是厚生勞動省二〇〇四年度起執行的「YES—專案」（Youth Employability Support Program＝青年就業基礎能力支援事業），其中還有為了學習溝通能力的講座。這項專案將「溝通能力」定義為「溝通理解」、「協調性」、「自我表達能力」三項能力的綜合，分別讓人學到「傾聽的態度、雙向圓滑的溝通、意見統籌、資訊傳達、意見主張」、「尊重對方、組織、人際關係」、「明確說明、利用圖表等的表達」。

但是棄民世代不得不居於不幸，難道是因為與其他世代相比，溝通能力較低的人特別多？

當然事情絕非如此。我所尊敬的社會運動前輩當中，有一位清水直子小姐，由她擔任執行委員長的工會「PRECARIAT UNION（PU）」，任何人都可以加入，一人也可以加入，不論你是約聘員工、派遣、兼職、打工等任何形式的非正職勞動者。

PU曾和獲得二〇一七年度黑心企業大賞的引越社（一般稱為「螞蟻商標的引越社」）抗爭多年而為人所知，這項爭議於二〇一八年二月以勝利之姿達成和解。清水小姐在二〇一二年成立PU之前，就以其前身UNION與許多黑心企業抗爭。

正因為PU是為了意味僱用不穩定的「不穩定無產者」而發聲，PU成立開始就有許多屬於棄民世代的人加入，也提供勞動諮詢。一九七三年出生，一九九六年大學畢業的清水小姐，當然常聽聞許多與自己同一世代或稍稍晚於自己世代的故事，也發現其中有部份人不擅長與他人溝通。

但是清水小姐對於「溝通能力欠佳的人無法有正職工作」的常見看法表示「其實相反」，對此抱持否定的意見。

「大學剛畢業的年輕人，大多對自己沒自信、舉棋不定，或是憑藉不知何處來的自信給他人徒增麻煩。不論屬於哪一種，都稱不上擁有『溝通能力』。但是即便是這樣的人，只要好好培養也都能溝通，沒有獲得培養的機會，一直沒自信到中年。我覺得問題只在於此。

「我們工會接觸到的諮詢案件中，或是決定加入的人中，也有一定人數是有這樣『困擾的人』，諮詢這些人或一起從事工會活動時，當他們或她們感覺和自己『希望被這樣看待』、『希望被這樣評價』不同時，也會發生反彈、『更加彆扭』、發生極端暴走的情況。不過我們都會說明工會活動的概況，讓他們了解並加入，因此不會用『因為溝通能力有困難』等理由歧視他們。他們加入之後，即便我們要付出相當的努力，我們仍接納他們成為工會的一份子。

「大部份比冰河期世代早一代或兩代以前的人，大家年輕的時候也不見得有多高的溝通能力吧？工作中會遇到各種人累積各種經驗，在這期間學會『這種狀況要這樣應對』，這些在發覺時甚至是在無意識中就學會了。我覺得人際關係的機緣巧妙與『考量角度』的奧妙多有相似。但是這些人學會的條件與他人不同，他們在年輕時就被剝奪累積這些經驗的機會、失去變成『獨當一面大人』的機會直到中年。」

清水小姐還表示，企業會委託派遣等非正職人員，是因為想省去人才培養的成本，企業打從一開始就沒有考慮要培養非正職的人。因此職業生涯以派遣等非正職工作為主的人，工作受指導的機會被剝奪的同時，學習與他人溝通的機會也早被奪走。

另外，清水小姐指出非正職的工作方式，在本質上就會讓職場人際關係不安定，這使非正職勞工在情緒方面處於惡性循環。

「例如身為約聘員工仍被職場信賴，多次重續約，因而感受到自己被信賴，處於這樣的狀態很好。但是，如果某一天突然因為公司本身的因素，例如『自己長期的主管因異動離開了，接任的上司認為自己自大狂妄』等，因為不合理的理由接到停僱通知，讓己好不容易建立的自信瞬間瓦解，我看過不少有這樣經歷的人。

「如果環境更加安穩，也就是說解僱或派遣中止帶來的不安相對減少，在人際關係方面多給予一些包容，在這樣的環境下，企業以全心全意『培育此人』的態度待人，工作上也細心指導。只有這樣受僱者才能自然而然地擁有自信，因為擁有自信，對工作也顯得更積極。我覺得在職業生涯中很難碰上有這樣良好循環的人，有很多人被貼上了「不擅溝通」的標籤直到中年。

「PU接觸過的「有困擾的人」，在聽過他們的故事後，發現這些人一直在職場上被排擠，感覺疏離，或是幾乎沒有被認可的經驗，但是通過工會活動，也出現『熟能生巧』的類型，我希望透過活動盡可能讓許多人有這樣的轉變。」

不愧是清水小姐，對許多沒有穩定工作者的洞察力就是敏銳，我也對此深表同感。

第五章

棄民世代將使日本走向滅亡

「二〇二五年的問題」和「二〇五〇年的問題」

棄民世代的問題不是只有棄民世代痛苦就能結束的問題。這一點只要思考今後日本的人口結構就很容易預見。

前面第二章有提到團塊世代（出生於一九四七年至一九四九年）全部成為七十五歲以上後期高齡者的「二〇二五年的問題」，還有再二十五年後即將面臨大部份棄民世代成為後期高齡者的「二〇五〇年的問題」。

日本總人口截至二〇一八年十月一日為一億兩千六百四十四萬人，其中六十五歲以上高齡者人口為三千五百五十八萬人。總人口中六十五歲以上高齡者所占比率的高齡化比率為二八．一%。

這數字二〇二五年時，總人口預計為一億兩千兩百五十四萬人，高齡化比率為三〇．〇%，二〇五〇年時總人口預計為一億一百九十二萬人，高齡化比率為三七．七%。

換言之，到了二〇二五年時，相對於六十五歲以上高齡者有三千六百七十七萬

高齡化變化與將來的推算

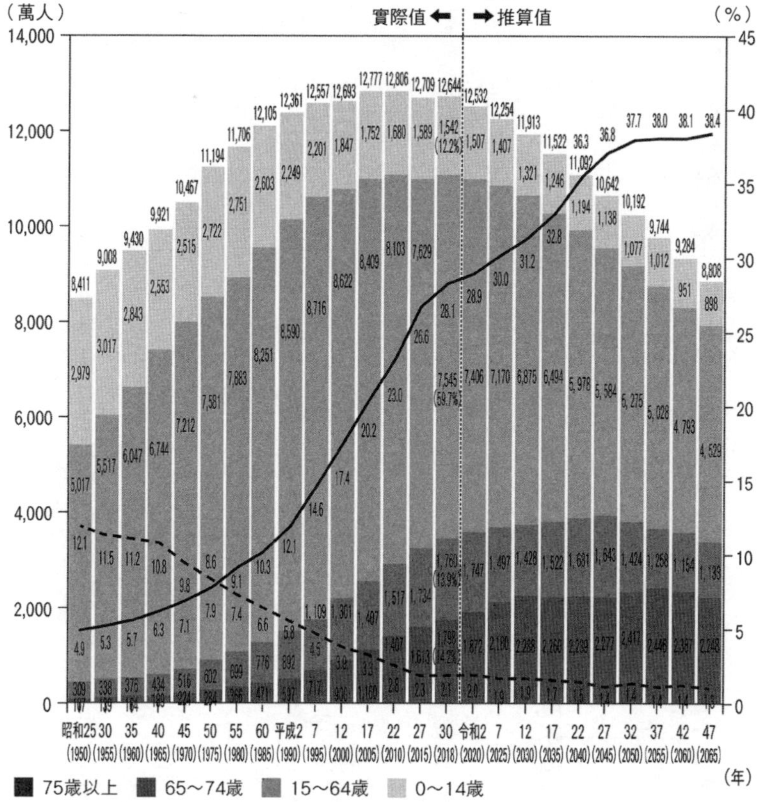

—— 高齡化率（65歲以上人口比例）（平成29年推算）

- - - 以15～64歲人口支撐65歲以上人口的比例

（資料來源）關於長條圖和高齡化率，截至2015年為日本總務省〈國勢調查〉、2018年為總務省〈人口推算〉（截至平成30年10月1日的確定值）、2020年以後為國立社會保險、人口問題研究所依照〈日本將來推算人口（平成29年推算）〉的出生中位與死亡中位假設推算的結果

（資料來源：日本內閣府〈高齡化現狀與將來的預測〉）

人，十五歲至六十四歲的在職世代為七千一百七十萬人。六十五歲以上由十五歲至六十四歲的在職世代支撐的比例為一．九，幾乎成了每二至三人的在職世代支撐一人高齡者的「騎馬打仗型」社會。

而且，到了二〇五〇年，六十五歲以上高齡者有三千八百四十一萬人，十五歲至六十四歲的在職世代有五千兩百七十五萬人。六十五歲以上由十五歲至六十四歲在職世代支撐的比例為一．四，到了棄民世代成為七十五歲以上高齡者時，幾乎逼近一位在職世代支撐一位高齡者的「單獨背起型」社會。

換句話說，棄民世代在迎向老後之時，日本人口比現在更為失衡，因此可以想見支撐棄民世代老後的在職世代負擔也會非常沉重。

至少在提到年金相關事宜時，一位在職世代支撐一位高齡者生活在現實上應該是不太可能，屆時應該處處可見大批低年金和需要生活保護的人。

二〇一七年度約有兩百一十四萬人請領生活保護，生活保護費的總額約為三．八兆日圓，但是根據先前提到的「NIRA綜合研究開發機構」研究員辻明子的試算，就職冰河期世代的潛在老後需要生活保護者多達七十七萬四千人。如果他們全部從六十五歲至死亡都請領全額生活保護（生活補助和住宅補助），推測須再追加的預算額度累計約為「十七・七兆至十九・三兆日圓」。

關於這份試算，也有人指出因為報告中帶入了人口數量較多的團塊世代需要生活保護給付的人，實際上不可能會增加到這種程度。假設即使所說的都是事實，仍無法避免未來出現大量缺乏維生技能、只能依賴生活保護的「棄民老人」。他們的存在一定會成為社會不穩定的主因。

棄民世代的犯罪量增加？

原本對未來已不抱任何展望，長此以往自己或許將成為「社會的包袱」，棄民世代自己比任何人都能感到這份真實的恐懼，而且更加深他們的痛苦。從這層意義可以發現，最近日本發生的慘案中，受到矚目的案件多和四十歲至五十歲年齡層的棄民世代相關，他們不是加害者就是被害者。

尤其二〇一九年這類事件層出不窮。首先是五月二十八日發生的慘痛事件，在神奈川縣川崎市登戶站附近等候學校巴士的小學孩童和學生家長，被當時五十一歲的男子用兩把生魚片刀襲擊，不僅造成一名小學六年級女生和一名男性學生家長死亡，還有十七名兒童和一名女姓學生家長受傷。

這名男性嫌犯在犯案後沒多久，就在離事件現場幾公尺外的地方，自己刺傷自己的脖子，在送往治療的醫院中死亡。

據了解被害學童就讀的小學為天主教名校，就讀的小孩家庭富裕，父母多為大企業廣告代理商員工、醫生、律師等，小孩畢業後多進入麻布中學或開成中學等有名的完全中學。報導指出被殺害的男學生家長是一名外交部職員，曾在前任天皇與皇后招待外賓的晚宴上擔任口譯。由於這件事以「嫌疑犯自殺」的形式終結，而且對犯案動機嫌犯也沒有留下任何隻字片語，至今我們仍不了解這件事發生的動機，但是事件的後續報導曾指出，嫌犯生長過程與生活環境相當複雜，這讓人很難不認為這對事件沒有任何影響。

嫌犯自幼父母離婚，所以由伯父母收養，在事件發生前一直在伯父母家生活。但是嫌犯國中畢業後就沒有繼續升學，也沒有正式的工作，長期處於繭居族的狀態。

由於有訂下洗手間和用餐的規則，嫌犯和伯父母及其小孩（意即嫌犯的堂兄弟姊妹）不會碰面，甚至有時給零用錢時也幾乎不會交談。

因為伯父母兩人都已經八十多歲了，再這樣下去，他們擔心沒有人可以照顧嫌犯，所以向川崎市諮詢。二〇一九年一月參考川崎市的建議，藉由在房門前留下信件的方式與嫌犯溝通往後的生活，嫌犯不滿地在信件中回覆「自己的事會自行好好負責，也會負責自己的三餐和洗衣」。一般認為加害者在這次的溝通後購買了生魚片刀。

因為加害者犯案當時的年齡為五十一歲，同住的伯父母年齡為八十多歲，有人說「川崎隨機殺人事件」的源起是「八〇五〇」的問題。就在這起事件發生不過數天後的六月一日又發生了一起殺人事件，曾任職農水省事務次官的前男性官員（事件當時七十六歲），在東京都練馬區自家用菜刀朝長年身為繭居族的長男（出生於一九七五年，事件當時四十四歲）脖子等處刺了數十刀。犯案行為顯示殺害致死的強烈意念，不禁讓人想像現場的慘況。

根據報導，被殺害的長男雖然進入東京知名的完全中學，每年有五十人以上考取東京大學，但是他進入中學後因為被霸凌，自此他開始在家中對加害者和加害者的妻子（被害者的母親）暴力相向。之後經法院審判，根據長男主治醫生的證詞內容，長男被診斷為亞斯伯格症候群。

被害者曾因為進入大學就讀開始一個人獨立生活，幾經波折的結果雖然取得大學畢業證書，但是畢業時正逢就職冰河期，未能進入理想的動漫相關公司任職。在主治醫師介紹的公司又因發生紛爭而離職，之後就一邊依賴父母提供生活費，一邊沉溺於線上遊戲生活下去。

被害者原本一人生活在母親擁有的房屋中，在事件發生的一週前搬回事件現場的老家，睽違幾十年後過起與父母同住的生活。搬來沒多久，父親對被害者說一定要整理好變成垃圾屋的舊居，被害者開始暴力動粗，生氣地踢打父親，還抓起父親的頭髮，將頭撞向鐵製庫房的牆壁。

事件發生在六月一日下午三點過後，父親正從自家二樓往一樓走，長男手握拳頭，一副要動手的樣子，對父親恐嚇說「我殺了你」。父親在聽到的瞬間，深深感到「真的會被殺」的恐懼，在近乎沒有意識的狀態下，手持菜刀與兒子纏鬥在一起，朝兒子的胸部和脖子連續猛刺三十多處。

對於殺害兒子的父親，大眾抱以強烈的同情，東京法院在進行裁判員裁判[1]時，檢察官對通常量刑為「十五年徒刑」的殺人罪，求處八年徒刑，必須實際服刑。十二月十六日的判決中再減少兩年，宣告裁決為實際服刑六年。

接著是七月十八日發生的縱火殺人事件。京都市伏見區動漫製作公司「京都動畫」的第一工作室遭一名男性入侵潑灑汽油縱火，該公司員工六十九人遇害，其中三十六人死亡，包括嫌犯在內有三十四人受傷。

男性嫌犯出生於一九七八年，事件當時四十一歲，生長在埼玉縣浦和市（現在的

註1 日本針對死刑、無期徒刑、故意犯最低本刑為一年以上有期徒刑而致人死亡的案件，會由專業法官和公民共同為有罪與否及量刑進行判斷，是所謂裁判員制度。

埼玉市綠區），是兄妹三人中的老二，二十一歲時父親自殺一家分離。

中學畢業後一邊工作一邊就讀市內的定時制高中[2]直到畢業。在這前後時期也曾在派遣公司登記，輾轉任職過埼玉縣不定期出勤的職員、書報亭、郵局職員等，在雷曼金融海嘯的二〇〇八年十二月也遭到派遣中止。

男子在京都動畫縱火案之前也有數次犯罪、逮捕的經歷，二〇〇六年在埼玉縣越谷市內盜竊內褲遭逮捕，判決有罪但可緩刑。接著在二〇一二年六月犯下鑿開住家牆壁，打破玻璃等暴行，還在隔天天未亮時在坂東市的便利商店犯下搶奪現金兩萬一千日圓的強盜事件，判徒刑三年六個月必須實際服刑。

但是這起事件發生時，他曾在當天內向茨城縣警方自首，問訊紀錄中他供稱「工作遭到不合理對待等，厭惡在社會生活」。

二〇一六年第一次出獄後，經過一段時間待在埼玉市浦和區內的更生保護設施，在同年七月起在埼玉市見沼區的公寓中請領生活保護生活，但據說在這裡也頻頻和附近居民發生衝突。

京都動畫縱火殺人事件中，嫌犯在犯案時自己也被大火燒傷，一度生命垂危，後來送至近畿大學醫學院附屬醫院治療才活下來。

十一月八日終於開始第一次問訊，據他供稱犯案動機是「因為自己的小說被盜用」，經過之後調查，在京都動畫主辦的小說與漫畫賞「京都動畫大賞」中，雖然有一位與嫌犯同名同姓、同地址的人參加小說招募，但是在第一次評選時就已被淘汰。

另一方面，據說近畿大學附屬醫院的醫療團隊將生命垂危的他救回後，他曾表達感謝說，「我至今從未被他人如此親切地對待」，還說了「我做了不是人幹的事」、「一定難逃死刑」等，讓人覺得是在反省的話。

「無敵的人」

因為連續發生這類重大事件，「無敵的人」一詞在網路和部份媒體掀起了一陣熱議。

註2定時制高中是指夜間制學校，或週末上課的學校等。

一般來說，人即使變得自暴自棄、想犯罪，也還是會害怕失去工作、家人、社會的信任，更何況一旦犯下殺人這類重大罪行，自己也可能被判死刑，所以不會輕易去執行。

但是，如果一個人一開始就沒有任何這類「要守護的東西」，甚至不認為自己的生命有價值，就很難阻止他們犯罪的念頭。某種意義上，這表示沒有任何東西可以阻擋他，這樣的狀態就是網路用語所指的「無敵的人」。

聽說這個命名原先出自於二〇〇八年左右西村博之自己的部落格，他曾是一個很大的匿名電子留言板「2channel網路論壇」的前管理人。我自己第一次聽到是來自二〇一二年「『影子籃球員』恐嚇事件」的犯人手札。

「『影子籃球員』恐嚇事件」是指當時有一部在《週刊少年JUMP》連載的人氣漫畫〈影子籃球員〉，二〇一二年十月這部漫畫的作家藤卷忠俊的母校上智大學中發現了裝有硫磺味液體的容器（據說如果氧化可能會產生可致死的硫化氫氣體）和寫給藤卷忠俊的誹謗文。

此後有人又以「喪服的死神」的匿名，接連恐嚇與漫畫作品相關的活動或販售相關商品的企業，逼得活動或商品販售停止。之後法院根據檢察官的控告，統計出由於這一連串的恐嚇行為，七家企業等受到的損失共計超過一億日圓。

二〇一三年十二月十五日一名男子要在東京惠比壽花園廣場的郵筒投遞信件時被警方鎖定，從男子背包發現一封恐嚇信，內容是要求預定在東京都內舉行活動的主辦單位停止籃球大會和漫畫市集。

男子遭到逮捕，後來查出他叫渡邊博史，是一位住在大阪市東成區的前派遣人員，當時三十六歲（後面會提到渡邊以本名出版的手札，所以在此寫出他的本名）。不久後他被以一連串的恐嚇妨礙業務罪嫌起訴，二〇一四年九月有罪定讞。

本書寫作的時間是二〇二〇年三月，渡邊當時約為四十二歲，曾有派遣人員的經歷，屬於棄民世代的中間世代，但他卻具備有連搜查官都感嘆的文采和自我分析的能力，即使在法院也極有條理地說出犯下這起事件的動機。

以下引用自二〇一四年三月東京地方法院第一次公開審判時，渡邊出庭時對起訴內容全盤承認後的意見陳述。事件性質雖然不同，但或許這番陳述也替川崎隨機殺人事件或京都動畫縱火殺人事件的犯人們，說明相當一部份的動機。

……我在此說明動機。從一連串事件發生前開始，我就覺得自己的人生骯髒、醜惡、悲慘。也早就認知到這已是完全不可能挽回的事實。而且想以自殺的方式離開這個社會。幫沒有希望從病痛中恢復的病人死去並解除痛苦稱為安樂死，這若套用在自己身上，我覺得是一種很貼切的說明，我因人生的失敗而受困，處在沒有希望得到救贖的人生失敗組底層，我想從痛苦中釋放，想自殺。我自己將之命名為「社會的安樂死」。

所以我應該默默自己一人自我了斷。我在口供紀錄中這麼說。在思考如何實行的時候，我知道了〈影子籃球員〉的作者藤卷忠俊，「我想要卻得不到的東西」他曾說都已經擁有，我很驚訝大家的人生真是差太多了，我想至少要給這麼強大的對手一個迎頭痛擊。我自己將這起事件的犯罪類型命名為「人生歧視犯罪」。

根據當時報導犯人意見陳述情況的《產經新聞》引述，渡邊在之後還大聲說出：「我無法想像被害總額有多高，我的年收入從沒超過兩百萬日圓，我無法負擔錢的責任」、「在監獄服刑結束出獄後，盡可能用不困擾他人的方式自殺」等。經過了十五分鐘左右，法官詢問「還需要時間陳述嗎？」（剩餘省略）

接著他大喊：

「這樣糟糕的人生，我也不想要，乾脆死死算了！」

接著渡邊在二〇一四年十月出版的著作《活屍的終結——「影子籃球員恐嚇事件」的全部真相》（創出版）中，敘述了以下在法院未說完的動機，在說明像自己一樣「無敵的人」為何要犯罪的同時，還對社會疾呼應有的警戒與對策。

自己到了人生道路越見越明的年紀，但無意識中我卻想要對一直不合理懲罰我的「某個對象」報仇，並想在之後了結自己的人生。但我找不到「某個對象」的真面目，在我心想沒辦法了，只能自殺的時候，發現了代替「某個對象」的目標。

反正又沒有工作，被逮捕前的工作也只是日僱派遣員工。對我而言沒有失去會感到可惜的社會地位。而且也沒有家人。父親已經過世。母親雖然是自營業者，因為我的事件，不得不將店收起來。但對這點我一點也不感到內疚。反而這次完美的報仇，令我感到非常滿意。自己和母親的關係大概也就這樣而已吧。和其他親戚也很疏離，根本沒有往來。當然也沒有任何朋友。

而且我想死，所以不用珍惜生命，也非常歡迎死刑到來。像我這樣的人沒有人際關係也沒有社會地位，沒有任何可失去的東西，所以對於犯罪也沒有一點心理負擔，完全就是網路用語中的「無敵的人」。從今以後日本社會「無敵的人」只會增加不會減少。日本社會應該要認真思考應該如何面對這種「無敵的人」。另外，刑事司法行政單位也要認真思考對「無敵的人」犯罪者有效的處罰方式。

說不定日本今後可能會頻頻發生這類型的事件，屬於所謂「人生失敗組」的人，出於對成功者嫉妒的動機起而犯罪。

誰催生了「無敵的人」？

但是當然，「無敵的人」實際上一點也不無敵。他們反而因為社會的疏離，自尊心被踐踏欺負，認為自己這樣的人一點價值也沒有，結果犯下重大的罪行，這從渡邊的自白來看再清楚不過了。

秋葉原殺人事件這些過去發生的事件中，被告的陳述是「對社會的怨恨」和「對看來幸福的人心生怨恨」。那些人可得到或可自我實現自己不管如何掙扎努力都已觸摸不到的幸福，被告有股欲望，想用自己的性命作交換，將那些人拽落到與自己相同的境地；或是帶著負面的情感，想著反正自己要死了，也把那些人一起帶走。我一直陪伴著無數在貧困中掙扎的人身旁，對此有深切的感受因而能夠理解。

當然這絕對不能將他們犯罪的行為正當化，想到被害者和被害者家屬就令人對此感到沉痛又無法接受，這不容置喙。但是從抑制犯罪的觀點來看，連媒體或一般人對他們都一味地責難，透過ＳＮＳ表達他們的憎惡，這不但毫無意義，反倒會有不好的影響。

例如，川崎隨機殺人事件就是，網路上一出現有關犯罪行為的報導，對於犯人的責難就鋪天蓋地而來。其中還可看到許多過於偏激的言論，例如「如果想死就不要牽拖他人，只要自己死一死就好了」、「如果要死就去死，不要造成大家的麻煩」等。

我一讀到這些言論，就馬上到我不定期更新的Yahoo新聞個人部落格寫下文字，希望大家不要擴散這類言論。不僅是因為渡邊博史的警告，而是只要回想過往種種事件，我認為這些責難只會再度引發類似的事件。

這些事件的加害者，有很多人對於社會一方面抱持「自己如此艱辛卻沒有人提供任何支援」的心情，在日本抱持這些想法的人不僅只棄民世代，還有很多這樣的人。但即使他們的情感不合理，也只是他們一廂情願的想法，但是抱有這樣想法的人當中，非常有可能有部份的人會犯下重大罪行。

因此，雖然回應者本人是針對犯人，在網路上散播「如果想死就不要牽拖他人，只要自己死一死就好了」、「如果要死就去死不要造成他人麻煩」等言論，但如果與犯人有相同疏離感的人看到這些言論，很有可能當作是對自己的責難。其實，SNS

中也接連出現這樣的留言，「和我的遭遇好像」、「我對犯人有部份同感」、「這或許就是我」。

所以這會刺激到他們累積已久的孤獨感，爆發出潛在的情感，或許只會提高再次發生類似事件的風險。

人類基本上不好好珍惜自己，也就無法體貼他人。

為了不要發生類似的事件，為了不要再引發類似的事件，或許社會反而應該要珍惜你，要為你做些甚麼。應該發出的強烈訊息是，社會沒有輕忽你的性命，沒有任何人想要你死。「如果你有什麼困難或艱辛，社會將伸出援手，一定有可以給予協助的地方」，這些才是我們必須散發的訊息。

看看前面提過的吧。自己也重度燒傷的京都動畫犯人，在恢復意識第一次應訊時，親口對醫院的人員表達感謝：「我到現在從未受到他人如此親切的對待」。

如果在他人生的某個階段他的存在曾受到認可，或許他就不會走向行兇的道路，這個想法絕對不是不切實際的想像。

愈重要的工作愈受輕忽

請大家不要誤會，我這裡想表達的不是指如果對社會感到不滿，不論是誰都有可能犯罪，更不是指棄民世代是犯罪潛藏者等抱怨牢騷的自言自語。

我只是想指出現在的日本有多少棄民世代超過四十歲、對未來不抱希望，這些人中有許多人對「自己之後至少還有二十年要活」的現實迷惘不已。而且沒有多少人可以承受這樣過於嚴苛的現實。

人類不論是誰受到傷害、遭到排擠，就會無意識地累積這些經驗和感受，讓人覺得「自己雖然活著卻無所適從」、「自己不被社會需要」，而這種風氣很可能形成一個產生大量「無敵的人」的溫床。

如果是這樣，更必須認可且經常確認人活著自身就已經具有價值，不管是派遣、約聘員工、打工族都一樣，和僱用型態無關，必須認同他們所做的工作對社會是重要的。

不對，說得更實在些，在現代，照護人員、送貨司機、餐飲店店員等，對社會來說才是真正的生活必需，他們的工作為大家的生活提供具體的協助，卻低薪資、非正式、不被僱用。

讓我產生這些具體想法的，是美國文化人類學者大衛．格雷伯（David Graeber）教授，他以占領華爾街運動的理論指導者而廣為人知，他在二〇一八年出版了一本書《四〇％的工作沒意義，為什麼還搶著做？論狗屁工作的出現與勞動價值的再思》，自此引發全球話題。

格雷伯教授在這本書中提到，投資基金的CEO、政治說客、公共關係研究員、電話行銷負責人、法律顧問等，這些一般視為高階、可獲得高薪的工作，其實絕大多數的工作都是「消失不但不會造成大家困擾，反而可能讓社會變好」，實際上他們很多人也覺得自己的工作沒有意義。

可是現實社會是如果沒有護理人員、收垃圾的人、機械工人等，大家都會感到困擾，這些都是有意義的工作，可是薪資卻較低。

我認為日本也有很大量沒意義的工作或沒意義的職業，有為者從事這樣的工作，難道不會對無聊的事務感到疲倦嗎？另一方面，棄民世代在不穩定的工作中輾轉，從事原本對社會很有意義的工作，卻受到輕視且讓他們精疲力盡。

勞動價值的本身不應該由社會全體來評論，真正對社會有價值的工作為何？或是廢除、消失會更好的工作為何？這樣的提問持續在全球各地引起爭論。

不要讓他們擺脫最後一道「牽制」

繭居族是社會就業中最困難的階層，對他們而言，承認他們的存在也一樣重要。我為了撰寫前一本著作《中高齡繭居族》，採訪過幾位繭居族，在他們的採訪回覆中也曾表示，像秋葉原殺人事件犯人的罪行，如果發生在他們身上一點也不奇怪。

他們的狀況是，因為可以避開社會、有一個繭居之處，最終不須做出這樣的事，但是如果想繭居卻沒有一個可以繭居的環境，自暴自棄，這一點也不奇怪，而且他們也不知道自己會變得如何。

他們的一個共通點是，每天都身處自己被嫌棄的風暴中，但只要有人能夠稍微肯定自己，這份記憶將會烙在心底深處，成為最後一道牽制。

對他們而言，甚至會連番受到至親無心的言語暴擊「快去工作」、「你如果不在，就是幫我們了」。如果能有極少數可以體諒他們的人，好比學校老師向他們說一句「你這樣就很好」，那麼只要一想到這點，就能夠支撐他們努力活下去。

不管是不是繭居族，不幸的人若能感受到某人不經意的溫柔話語，都能因此產生他人無法想像的支撐力量，讓他們活下去。但是如果社會已落到連說出這樣不經意的話語都很困難的地步，那將迎來真正的破滅。

尤其是棄民世代，無論去哪一個職場，都會遭受無心話語的攻擊像：「沒用的傢伙」、「到現在究竟做了甚麼？」，對社會不滿的心情堆得像岩漿般的人不算少，網路上又是挑剔他們不負己責的攻擊論調。

我也多次說過，像這樣充滿殺伐聲的社會，今後或許還會反覆發生悲慘的事件。為了防止事件發生，不管如何一定要肯定、認同人的價值與尊嚴。

什麼是職責再分配

對於這個主張，或許也有人會反彈表示「不要只會說漂亮話」、「理想話我也會說」。但是這並不只是當漂亮話，還要當成能實際解決問題的對策和執行手段來進行再分配。

藉由保障窮困的人最低金額的社會保障和社會福利，發出「你有活著的價值」、「社會希望你活下來」的訊息，藉此維持社會的安定。過去日本社會曾共同擁有這種再分配的價值。

但現在的日本，負擔社會保障成本義務的企業和富裕階層想壓低這些成本，長年影響政府和媒體的運作。結果，從某個時期開始思維邏輯被洗腦為「請領社會福利和社會保障，證明了自己是沒用的人，是糟糕的。」我們一定要再次翻轉這樣的思維邏輯。

因此，作為手段之一，我們應該重新建構模式，不一定要藉由勞動力讓自己成為生產力高的人才，而是通過以其他方式貢獻社會，來肯定自己的存在。

例如，地方自治會、家長教師聯誼會這些屬於社會領域的職責，這些脫離勞動生產以外，在意義上屬於企業第一線以外的場域。

以前的日本，地區、街上自營業的小規模商店林立且活絡。即便營收和銷售沒有很多，大家各自擁有一定的機能，尊重彼此的存在，共同承擔地區的責任，一起生活。

在地生活與在地經濟連結，與顧客在同一地區生活，這樣的社群隨處可見。藉由在地區擔負一定的職責，大家認知到「缺少這個人地區就無法轉動」，或是即便無法工作，功能不佳，但人格本身仍舊受到認可，這樣的模式曾經自然地存在於日本。

慶應義塾大學小熊英二教授在《日本社會機制——僱用、教育、福利的歷史社會學》（講談社現代新書二〇一九年）中，將承擔地區的非營利領域在地區從事自營業的人稱為「當地型」。居民即顧客，顧客即居民，所以如果不能彼此相互支應，地區經濟與地區生活就無法成立。

隨著這種「當地型」僱用減少，「剩餘型」僱用相對地增加。但近年「大企業型」的正式員工沒有增加，「當地型」卻又減少，屬於非正式僱用或不穩定僱用，不被重視的「剩餘型」僱用型態一直增加。

他還指出由於「剩餘型」僱用型態增加，當然貧困或窮忙族也會增加。

預告「衝撞澀谷行人自由通行十字路口」的棄民世代

在現代這種「剩餘型」僱用的增加中，我認為工會可以負起改善僱用與社會領域的職責。

前面也介紹了PRECARIAT UNION的清水直子委員長對棄民世代和責任在己論問題所持的論調。她本身至今遇到「有困難的人」中，最令她印象深刻的是二〇一六年接觸到的一名男性，他以業務委託的方式契約承攬家電量販店的商品配送工作。

這位男性也正好象徵小熊英二教授所說的，是之前為「當地型」工作而後轉為「剩餘型」工作的人。

這名男性當時的年紀約莫在三十歲後半，這裡暫時用A先生代為稱呼。A先生開著與家電公司簽訂租借契約的汽車，承攬量販店的配送工作，每天配送七十至八十台家電製品，每送一台的報酬為數十日圓。每一天的配送量常需要約十幾個小時，每天工作結束早已筋疲力竭。但是因為他簽的不是僱用契約而是承攬契約，所以不論花多少時間，報酬也不會增加，再怎麼努力一天的收入也不過七千日圓左右。

A先生想當然耳地陷入貧窮，最終因為房租滯納而被趕出居住的公寓。經過第三人介紹向PRECARIAT UNION諮詢時，過著在租借來的車上生活的日子。

肯．洛區的電影《抱歉我們錯過你了》的主角也是一名簽了業務委託契約而工作的送貨員，A先生的遭遇不僅像電影般真實，甚至還被更不人道的工作方式逼迫，令他精神完全崩潰。而且「辛苦到想死的程度」，讓他內心盤桓著自殺的念頭。

之後，清水小姐在與他的面談中，聽到一句令人難忘的話。

「A先生說：『我工作時開的車是向公司（家電量販店）租的，車子側邊有公司的標誌。所以我曾想過是不是要開車衝進澀谷行人自由通行十字路口，造成事故。因為這樣一來，這家公司的惡行惡狀應該就能公諸於世。』」

澀谷行人自由通行十字路口人多的時候每一次綠燈有高達三千人通過，是「全球最繁忙的十字路口」，如果在這種地方踩油門狂衝，死傷者應該可能高達兩位數吧！

很慶幸現在都還沒有發生這件事，但是關鍵也是因為清水小姐等PRECARIAT UNION的成員，盡力幫助此時的A先生。

「我們提供諮詢、給予A先生建議，也讓我們自己得到幫助，但首先要讓他脫離在車上的生活。因為以他的情況，最好盡快讓他接受精神科治療，必須讓他從最糟的精神狀態中脫離出來，就算可持續送貨但是未脫離在車上的生活，精神狀態只會更加惡化。這一點不但顯而易見，而且就算他處於可以開車的狀態，也非常有可能會衝撞某處。

「所以和A先生諮詢後，以請他接受治療為前提，先將汽車寄放在我們朋友那裡，請他入住在生活窮困者緊急避難時可暫時入住的庇護所。此外，為了讓他上醫院，還與他一起去福祉事務所申請生活保護。很多時候如果你有汽車，是無法請領生活保護的，我們向福祉事務所說明並請對方理解，A先生已經向公司申請中止租用契約，並且很順利地被受理了。之後打算等A先生回覆後，更進一步請公司承認A先生的勞務內容，還與對方交涉要求支付他原本應該領的未結算薪資。」

不過後來清水小姐無法再更進一步地協助A先生。因為在這一連串的過程中，不知道哪一個環節出錯，與A先生的關係鬧僵了。

清水小姐認為勞動者有三層架構，她認為工會的職責是促進中間階層的發展與形成組織。

「最上層的勞動者階層是現在仍舊受照顧，擁有穩定的勞資關係基礎，可繼續工作，不太需要擔心的階層。第二層是不穩定的無產者階層。最下層是藤田先生也在支援，屬於就業困難的階層。但是實際上一如字面所述，不穩定的無產者包括缺乏穩定僱用的人，被停僱或職場霸凌（因此罹患憂鬱症）的人，這些人不知會在何時因何原因就落入就業困難的階層。我們UNION的職責是將第二層階層的勞動者組織起來，讓大家互助合作，不要讓彼此墜落到比現在更低的位置。」

我認為清水小姐的這番話非常有道理。而且同時藉由像PRECARIAT UNION這樣的工會承擔起這樣的職責，能讓被社會疏離、潛在水面下累積憤怒的「無敵的人」有了容身之處，能給不少人帶來自我肯定。

不只是這類型的工會，設立社會福利、社會保障也帶有社會防衛的意義。就算工作不穩定也仍能支撐生活，活下去本身就很重要，所以需要守護；就算失業，為了不要有人失去生命，我們要擔起保障權利的部份。

法規制度薄弱，社福工作者無法賺取足夠的薪資等狀況，近年來整體周圍環境的惡化，令人恐懼，為了不要讓社會更加不安定，我們必須全力以赴。

專欄

降低棄民世代暴走行為的良策是什麼

如果孤立棄民世代，將他們逼到絕路，最終一定會造成社會的不安定。棄民世代面對這樣的未來景象，多少會採取一些反抗、暴走的行為，我們何不從現在生活窮困者身上發生的犯罪案例，好好學習減少案件發生的良策。

山田惠太律師專門處理刑事案件，為許多因生活困頓而犯罪的犯罪者辯護，我們向他請教這些人所犯的案件與他們的內心世界。

——今天百忙之中，很感謝您接受我們關於「棄民世代」的採訪。首先我們想請教的是，山田律師平日負責辯護的刑事案件中，大概有多少人是因為生活困頓，或是因為這類相關問題，結果鋌而走險，或突然爆發走向犯罪一途？

山田律師（以下皆為同一人故省略）。是的，我主要處理的是刑事方面的案件，而且一般而言，我不是一般辯護律師，而是大部份承接公設辯護的律師，事實上會委託公設辯護的人，基本上有非常多人都有生活方面的問題。

只是每個人面臨的生活問題，在實際與犯罪連結時的呈現形式因人而異。手邊的錢用盡、飢餓難耐而偷竊，這是最單純的形式，也有因此犯下極為重大的案件，例如淪落至殺人或縱火，這樣的人也有一定的數量。

——二〇一八年六月曾發生二十多歲的男性在東海道新幹線車廂中造成三人死傷的事件，據說這個犯人在遭到逮捕後坦承，沒有自信繼續在社會中生存下去，所以想進監獄，所以從一開始他的目標就是無期徒刑。是否有像他這樣一開始就想進監獄而竊盜，或犯下更大的案件的人？

有的。我至今負責將近兩百件的案件中，大約有四至五人的直接動機就是「因為想進監獄」。

但是，若仔細探究每一個事件，其實有一半的人是無法繼續過一般的生活，甚至是被逼得不得不犯罪。因此，若以「只剩進監獄這條路，結果走上犯罪一途」這句話來總結，恐怕有三分之一以上，不，或許甚至可說是全部的人都是這樣。

例如一般稱為「半灰集團」[3]經營的「是我是我詐騙組織」，被吸收為組織一分子的人，在被逮捕後仔細詢問他們加入集團的原因，有人回答是因為生長在貧寒家庭，想送點生活費回老家。

或是相反的情況，有人想脫離貧困老家的生活，強烈希望「闖出一番事業」，但因為一路走來不像中上階層的人一般，從大學畢業、進入有前景的企業，所以即便懷疑是詐騙集團但還是加入了。所以從結構來說，我覺得最終大家的情況或許都是這樣。

——這些刑事罪犯沒有餘力委託一般辯護人，因此委託公設辯護人，這至少表示

註3半灰集團（半グレ集団），是日本的特殊用語，指介於暴力團跟黑社會「全黑」，以及一般老百姓的「全白」之間，有著正常學生或者工作身分，但有時會做壞事，遊走在黑、白兩邊的犯罪團體。

他們的背景多少在某種情況下造成了貧困。這樣的刑事罪犯若以年齡層來看，大多是哪一個年齡層的人？

我認為多少有一些年輕族群，但是大多是中高齡以上，中高齡左右的族群比高齡者多。高齡者較少的原因，或許只因年紀大了，行動力衰退。我印象中行動力尚可的中高齡者，因窮困而頓失去處的時候演變成犯罪，特別是犯下重大案件的案例很多。例如五十歲左右的人因工作不順利，與家族和身邊的人也斷絕了關係，連一個容身之處也沒有，四處漂泊在流浪之處難以溫飽，走投無路之下入侵他人家中尋找食物時被發現，受到驚嚇而失手殺人。大概是這樣的犯罪行為。

或是因竊盜被捕入監服刑多年，即使出獄也也找不到去處又開始竊盜，然後被捕、出獄、又被捕，也有人是無限輪迴這樣的模式。如果是這些人，即使向他們建議「要不要請領生活保護看看？」他們也不太了解相關內容。出獄時拿到監獄發還的保釋金，可以用來解決當下的生活，但一旦用盡又是無家可歸。但是無家可歸的生活可能需要相當的技巧，這點又不是很在行，所以又像之前一樣入侵、竊盜、被捕、重回監獄，只好一直重複這樣的模式。

——這樣的人是不是覺得自己只能在監獄中生活？

這些人也知道在監獄是受限，絕對不是棲身的好地方。但是，知道歸知道，對他們而言，監獄似乎也有令人放心的部份。也有人向我表示過，監獄也不是他們特別愛去的地方，在監獄時也會想要出去，但是一旦出獄又覺得外界很辛苦。因為不論哪裡都辛苦，等到自己發現這一點時，又回到了監獄。

從我自己的經驗來看，印象中曾確實表示待在監獄比較好的人多是發展障礙比較嚴重的人士。因為在外面的世界被欺負或虐待，每天都覺得自尊心受損。若是想到這一點，至少在監獄會受到保護、被隔離，令人放心，有幾位都曾向我說過這類的話。

——本書的書名為《棄民世代》，換句話說，我想思考的是冰河期世代的世代問題若置之不理，會發生甚麼樣的事情。律師您的委託人中有很多棄民世代的人嗎？

或許有一定的數量。

或許不只限於這個世代，但是在所有世代對社會的信賴感都逐漸變得淡薄之中，感覺這個世代特別明顯。不僅僅只是工作沒有受到照顧，例如我負責辯護的人中，四十歲年齡層的人裡有許多人和家人關係非常糟糕，不像年輕人一樣有人願意當保證人，而且從之前就已經不與人聯絡。我發現這些人很多對將來都抱有不安定感，不抱希望甚至不抱有樂觀的預期。

——不只限於棄民世代，像這樣「窮途末路的人」容易犯下是甚麼樣案件的罪行？

要看受到甚麼逼迫而有所不同，如果還是受困於生活，相對來說以竊盜居多。其次，至少就我的經驗來看，或許是偶然，但是縱火犯也有一定的數量。

縱火的動機也有百百種，其中非常多都是在自家縱火。如果包括以自殺為前提的縱火，也有人是因為想自我傷害而燒了自己的家。我以前負責過的一個案件就是，高齡者因為一些因素棄置自己的家，想曝屍街頭，最後離開家時放了一把火，我碰過這樣的案例。

實際上興奮型的縱火犯，是以惡作劇為目的，因看到火光而興奮的縱火，或許這種類型的人還比較少。其中也有些人放火是帶有報復性、厭惡的目的，不過我認為整體來看這種類型絕對不是多數。

——京都動畫縱火事件的嫌犯，似乎表示作案動機是「因為小說被盜用」之類的，這也屬於報復動機的縱火嗎？

老實說我還不知道，至少因為只有來自報導的資訊，所以我不能說出不負責任的話，但我個人也覺得那好像不只是單純的報復。從人的心理層面來思考，只因單純的報復做到這種程度有點不合理，我認為可能還摻雜了其他促成如此的因素。說不定可能是精神方面的障礙，或是混雜了連自己都想傷害的心情，也有這種可能。

——以這個犯人為例，也有人指出可能是精神障礙，山田律師您的看法又是如何？

我認為有這個可能性，身為律師這的確是必須考慮的點。因為如果沒有納入考量，幾乎一定會被判決死刑。

——是否有原本是健康的正常人，因為生活困苦引發精神障礙，而造成事件發生？

是的。也有因為障礙的關係讓生活陷入困苦，也有因為生活困苦，有高度壓力而引發障礙的類型，我認為幾乎不可能去區分何者為因。極度壓力有可能是引發精神障礙的原因，而不是天生的智能障礙或發展障礙。我認為也有相當多案例，是成年期後因罹患精神障礙而引起的事件。我覺得其背後的緣由當然會受到生活困苦、人際關係的煩惱、社會資源匱乏之等影響。

——但是，犯下殺人等重大罪行的人，從動機層面來看，可看出有甚麼樣的傾向嗎？這和有沒有障礙是否有關呢？

是的。我曾經負責過幾件強盜殺人類型的案件，因為想要錢財而入侵他人家中，失手將屋主殺害。像這樣犯下加害他人罪行的情況，說實在的有很多都沒有所謂的動機。印象中這些犯人多半是陷入思考停滯的狀態。

恐怕他們在犯罪時的精神狀態，對自己所作所為的認知說不定已不在現實中。

這些人為了生活下去，為了維持性命，只能出此下策，已陷入無法考慮法律、倫理的狀態，至少至今我所負責的人當中，雖然還不是很多，但我發現可以看到這樣的傾向。

——據說近年來犯罪的件數下降，但因生活困苦或與社會疏離而產生的犯罪又是怎樣的情況？

這點也是我主觀的認知，我反倒覺得有增加的情況。

的確，我認為犯罪件數本身有減少，社會整體治安變好。但是因為我負責刑事案件的辯護才七至八年，負責的案件中，被告人或被告嫌疑人大多是生活困苦的人，如果還包括其他的因素，那麼全都只是生活上發生了一些困難的人。

所以因生活困難造成犯罪增加的情況，在我看來多少是有的，客觀來看也是，再犯率高也是相同的理由，總之我認為許多犯罪的成因或許都起源於貧困。

——棄民世代被預測會出現許多低年金的人、沒有年金的人，一旦面臨老後，我想他們在生活層面會更加窘迫。若果真如此，犯下這樣罪行的人是否也會增加？

這當然是有可能的。日本的情況或許遠比美國好，但日本的社會階層也有很大的差距，貧困階層將面臨未來無法請領足夠年金的情況，生活保護費也呈現漸漸刪減的趨勢。在這樣的社會中，如果沒有合法的手段可獲得維持最低生存底線所需的費用和食物，我認為在這樣的生活中累積的抑鬱，有充份的可能會漸漸構成犯罪意識。剛剛也有提到縱火自殺等案例，也就是即使是自殺，也會因為使用的手段而成為犯罪。

——為了減少因窮途末路而爆發的人，我們應該怎麼做？

我沒負責過像京都動畫縱火事件或川崎十字路口殺人事件般被大肆報導的屠殺案件，也沒有和這些重大事件的被告嫌疑人有過直接的接觸。但是即使如此，有一點不會錯，只要很多人的生活不安穩，就一定會發生這類犯罪事件，若無法盡量使大部份的人生活安穩，就沒辦法遏止。因為要求他們認真反省也沒有用，嚴厲懲罰也絕對無法防止。

如果只要經常這麼說，也會有人說「但是，像嚴懲酒駕肇事後，酒駕事故不就大量減少了嗎？」，但這和交通事故的角度完全不同。酒駕的狀況是，以前對酒駕某部份在文化上有一定程度的容許，為了減少容許的程度，嚴加懲罰是有意義的，實際上也真的因此減少了。但是如果窮途末路的人在不得已的情況下犯罪，不論刑責多嚴厲也無法遏止。

所以首先要使一般人擁有安穩的生活，我真的覺得這點非常重要。此外，還需要有一個專責的機制，能夠讓社會好好留意是否有生活不穩定的人。在本人也不主動的情況下，須重新思考要為他們負責的範圍，至少一定要改變現在沒有任何人負責的機制，使這些因窮途末路走向犯罪邊緣的人不繼續走上絕路。

其次，我認為現在的日本最要不得的是「不能重新開始」的想法。

僅只一次偏離正規的道路就被貼上非常負面的標籤。向公司辭職、休長假就會被嚴厲審視，只繭居一次就會被嚴厲批評。因此漸漸地無法回歸社會。

或許制定模式的人認為如果模式制定得讓偏離的人難以回歸，大家可能會想著「自己不可偏離」而好好努力，但是，因為這種模式而無法回歸的人，是否也可能覺得不需要遵守社會規範？

「這個社會甚至不讓自己回歸原位，那遵守規則的意義何在？」從某種意義來看，他們當然會有這樣的想法。

並不是我辯護的人中有人這樣說。但是大家心裡會這麼想一點也不奇怪。所以我認為如果不是一個能更多包容一些人，可以讓人重返的社會，犯罪不會減少。

第六章

為了不要讓他們成為真正棄民的建言

本書刻意將就職冰河期世代稱為「棄民世代」，並且不斷探討他們是一個如何被社會疏離、沒有希望的世代。

我想讀者翻閱至此都已相當了解，援助這個世代的難度極高，尤其針對工作就業和取得資格方面的協助，早已錯過了時機。

如同第三章詳述的內容，現在執政黨推動的「就職冰河期世代支援專案」以協助工作就業、補助企業為核心的支援政策，坦白說是將幾經反覆失敗的不智之策再次端出。很遺憾，這些幾乎都只是對政策已晚又不健全之後，政府為了藉口「總之可做的已經做了」的不在場證明。

但是，即使政府再怎麼猶豫不決，棄民世代仍必須面對一定要活下去的現實，他們現在需要思考出一個不譁眾取寵的對策，以求「活過」今後的二十年至三十年。這份支援必須能夠保障無條件的「生活」和「生存」，而不是為了工作，或以有條件的支援協助他們工作。

因此，本書在最後寫下幾項，即便到現在依舊有效，甚至實施上沒有這麼困難，可以考慮的具體救助對策、支援對策。

為「降低支出」所需要的協助

為了協助棄民世代，最應該要推動的事項，比起政府打算執行的協助成為正職員工的政策，更應該是保障生活的最低給付（生活工資）政策，這無關是否為正職員工。現在日本的僱用環境已不僅僅只是將非正職員工轉為正職員工就可以了，被邊緣化的正職員工被用了就丟的危機頗高，且這樣做也不過有利於產業界。

更何況不僅是正職與非正職員工的差異，棄民世代之外的勞動者，也有很多人的薪資只在最低薪資的邊緣。這也是請大家支持以年輕族群為中心，將最低薪資調漲為全國統一時薪一千五百日圓運動的理由。日本政府每年十月會調漲最低薪資，但是對許多勞動者而言，每年的實際調薪才是現實。

因為有對此一運動的支持者，近年政府也加大了最低薪資調漲的幅度。而且二〇一九年東京最低薪資終於來到時薪一千零一十三日圓，雖然只在一個地區，但是已經出現時薪超過一千日圓的情況。

可是，因為還沒有全日本統一，有些地方上的最低薪資超級低，是讓人難以生存的水準，這種薪資水平實在令人難以忽視。今後最低薪資在保障人們生活的方面，應該也會是一筆重要的金額。

調漲最低薪資和失去僱用機會的爭論不時出現，但是現階段的調漲幅度還不至於到失去僱用機會的狀況。此外，今後日本社會也絕對會是急速人手不足的社會。

調漲最低薪資的同時，也必須調漲地區的薪資市場，活絡地區經濟。日本忘了勞動者也是消費者。勞動者既是消費者，如果購買力下降，地區經濟無法活絡，地區沒落是顯而易見的事。

比起調漲薪資造成失去僱用機會的危險，因為薪資未能調漲，地區經濟長期持續落在低谷，這種危險與壞處波及更廣。在地的商店、自營業者倒閉或經營困難的景況，使商街沒落得令人不忍卒睹。

我很期待有愈來愈多人贊成最低薪資以全國統一一千五百日圓為目標，每年大幅調漲。

不過，日本雖然最低薪資的漲幅明顯，但另一方面實質薪資在這四分之一世紀以來卻是持續下降。想在今後幾年間馬上提升實質薪資應該仍過於樂觀，尤其對棄民世代更是如此。

即便給予年金或給予最後安全網的生活保護，但因為第二章所述的理由金額在減少，所以也不會是立刻提升保護基準，把許多人納入救助目標的狀況。

但是，如果難以用增加收入的作法當作解決對策，可以創造一個機制，政府透過公權力，或加上企業與NPO等民間團體的參與支持，降低個人生活的開銷，這樣會更為簡單。

政府對僅只將非正職員工轉為正式僱用的企業，不再提供企業補助金，也不給予稅務的優惠；反而是當企業協助建立一種機制，讓受僱者就算可取得的薪資額度有限，但其中可自由使用的可支配收入有所增加，那麼政府也可給予相同的優惠。

例如作法可以是，如果企業將至今只提供給正職員工的公司住宅或住宅津貼，也給付給非正職員工，政府就提供企業補助。尤其，日本都市區的住宅負擔相當沉重。減少這部份的支出，直接減輕員工的生活負擔，這是政府無法對應的部份。

再例如推行現在歐洲各國實際廣泛推動的「社會住宅」。若能針對低所得家庭、低薪勞動者提供低價住宅，政府就也補助這項提供。要求以低薪僱用員工的企業，負起提供員工住宅的職責，但是政府可減免企業一部份的固定資產稅，並補助建築費用等，為企業設立各種獎勵措施做為交換。

過去的日本，企業為正職員工提供公司住宅，也每每在家中添加新成員時提供家庭津貼等，承擔提供福利的職責，企業也因此被大眾視為是一種社會公器。但是，因為現在的企業用非正式的方法聘僱勞工，免去原本應該承擔的項目，所以之後反而應該向企業徵收一定程度的法人稅、社會保險費，並妥善分配，如果機制不朝這個方向改變，社會就無法維持。

此刻，我想該重新檢討應該向企業要求承擔怎樣的責任，給予怎樣的補助了。因為以往規劃讓僱用穩定的方式屢屢失敗，所以我才想將焦點放在以住宅為目標的介入方案。

除此之外，電話費和通訊費等支出也可降低。放眼世界，日本在這個部份的費用特別高，所以本來就應該要再降低。之前內閣官房長官菅義偉[1]為討有權者的歡心，曾提到要降低手機通訊費用，增加降低這部分固定費用的政策與補助項目，這是支撐國民生活的重要關鍵之一，減輕生活必須項目的負擔，可以直接改善人們的生活。

另外，現在派遣員工到派遣地通勤所需的交通費，大部份還是由派遣員工自行負擔。這個部份當然要由派遣公司或派遣地的企業負擔。我希望強制規定徹底執行這一點，這能成為減輕大眾搭乘交通工具負擔很好的討論項目。我前往韓國、台灣、香港等東亞國家出差時，最有感觸的是大眾交通工具的費用很便宜。各國在物價和生活費上與日本相差無幾，但是交通費等的負擔是控制在極低的範圍。為了移動到隔壁街區，花幾十日圓就能到和花幾百日圓才能到，生活的難易度有多大的差距這點不言可

註1 菅義偉是在二〇一二年十二月至二〇二〇年九月擔任日本內閣官房長官，二〇二〇年九月之後轉任日本內閣總理大臣。

喻。

再者，思考現代一般家庭每天日常的固定費用支出是落在哪兒，對棄民世代來說可以成為具體的幫助。這點可以透過「福祉國家構想研究會」（研究會代表是京都大學教授岡田知弘）這家由醫療、教育、僱用、稅制、財政、政治等領域約八十名研究者和實踐者建立的研究會，來詳細提供政策建言。

例如，在日本要讀到大學，所需的教育費負擔異常地高，這成為許多育兒家庭的主要負擔項目。如果實質薪資沒有調漲，當然提供小孩教育支出也會有困難。在同為OECD成員的各先進各國，很少有國家像日本一樣是提供給付型獎學金[2]，大部分大學學費都不高。其他國家早已實施至少教育費由社會支付，以降低家計負擔的政策。而且公立教育持續惡化，許多育兒家庭需支付教育費用給補習班或家庭教師等民營教育市場。但本來應該只受公立教育就已經可以接受到充份良好的教育。這使得日本棄民世代的育兒家庭，面臨要支付稅金、保險費，還新增了一定要支付教育費用的狀態。改正此一異常的雙重負擔，也能減輕他們的家計負擔。

減少支出需要的共享及零工經濟

為了控制支出還能夠執行的其他想法，就是由政府主導推行共享住房的集居形式，將空屋或租屋物件的房租折半讓多人居住，利用政策減輕房租負擔也是可考慮的方式。

日本現在有七百六十萬戶空屋，從比例來看每七間住宅就有一間是空屋。政府可在承租後以多人入住為前提便宜出租。

例如，一間出租住宅每月租金為六萬日圓，三或四人合租，一人約支付一．五至兩萬日圓的房租，大家一起生活。在日本生活的外國勞動者們已有因為不被繼續僱用等原因被迫搬出宿舍，而與朋友一起共同租屋的例子。以前也有許多學生宿舍，但現

註2日本的「獎學金」有兩種，一種是貸款型，需於畢業後償還，接近台灣的學貸。另一種是日本政府於二〇一八年起開始推行的「給付型獎學金」，是免償還的獎學金。以不需要課税的低收入戶為對象，每學年以二萬人為上限，依其升學學校性質（公立或私立）及有無外宿等條件，每個月分別核發二至四萬日圓獎學金。

在已經變少。我們應該更關注一般常見的共享住房和共同住宅的型態。

建議政府要活用空屋，將此型態廣泛運用在未來日本的低所得者階層之間。而且透過這項住宅政策，有家庭組成困難的棄民世代即使缺少家庭型態的依賴，也能彼此相互扶持共同生活，應該還是有部份的支撐效果。

我希望可以更加擴大除了血親家人以外的同住模式。為了因應家庭型態的轉變、家庭人口的減少，家庭的定義本身已有了改變，與他人共同生活應該也可以納入考量，這類的共同體結構是不可缺少的。因為日本對家庭的機能寄予許多相互扶持的期待，所以希望大家能以支援的角度，賦予家庭較廣的定義。

棄民世代是第一個不適用戰後日本長期建立出來的認知的世代。光就這一點來細細思考，其實還有許多從這個世代開始，後來感染整個社會的現象。

例如，「年輕人遠離車」和「年輕人遠離滑雪」等「年輕人遠離○○」的說法，這個世代從年輕時就很常使用這樣的說法。換句話說，這屬於極簡主義的生活型態，也就是不購買、也不想擁有不需要的物品，這應該也代表消費行為相對聰明的人增加了。這使我們不得不重新檢視過去所擁有的模式，一個全新共享的領域擴大了。

不僅限於日本，這種共同管理財富、資源與服務的現象，也以共享零工經濟的形式普遍存在於歐美各國。汽車、自行車、住家、洋裝、書本、遊戲等共同擁有和分享的措施與事業正廣泛發展中。

高度成長時期的「消費即美德」，接著是泡沫經濟時期的「美好生活」等廣告詞，代表了消費本身的愉悅，並象徵了自己是積極促進經濟活絡的一員。接受這樣生活型態的人，相對而言多是棄民世代的上一個世代。

棄民世代多使用所謂的「Mercari（二手拍賣平台）」等跳蚤市場app，同時也會再次利用上一個世代不要的物品，許多人都傾向只用最低需求的物品聰明地生活。中古市場活絡應該也算是從棄民世代興起的消費文化之一。當然，有人是迫於生活所需的無奈，但可以確定的是，在日本興起的共享零工經濟起始於這個世代。

從這一層意義來看，棄民世代與共享零工經濟的調性相合。這樣的情況在往後可能不限於住宅，會再擴增到其他各種領域，如果能減少家計支出，應該也有人得以受惠。

日本缺乏共有的意識

我認為日本社會最弱的核心是共有這個部份，這個概念至今幾乎不曾存在過。共有的意識是指共有這個概念，也是指財產的共有。

不只是住宅，交通工具、通訊設備，我們有許多物品都是用自己工作賺的錢，買下自己專用的物品，認定這些是專屬自己擁有的。但如果好好想一想，這個想法不過只是單純全盤接受了市場理論罷了。經過大量生產、大量消費的時代之後，這種各自擁有的模式真的可以永續嗎？這應該有檢討的必要。

以國外的情況，有一種住宅合作社的機制，地區的居民、勞動者同伴、合作社成員大家一同出資，建設集合住宅，由所有者們分配房間入住。

在日本也有公寓所有者們買下物件後組織管理委員會、共同管理的情況。但在日本公寓的情況是，由土地開發者開發土地，在地上設計建設建物，之後廣告宣傳、銷售，管理組織只負責接手最後。

相對於此，住宅合作社從建築住家開始，就以地區居民、職場同事為主軸計畫、執行，從這一點來看兩者天差地別。團體自主相互討論，一同投入執行這項符合自己需求的事業。

在國外甚至會設立自給自足的電力設施，大家合力出資，在自己居住的地區河川旁建設水力發電廠，由此產出的電力只讓這地區的人使用。這樣的設施，還要主動思考與那些以巨額資本用火力或核電發電的電力保持距離，以及環境的問題。這類共有的再生、合作、合作社組織和共同勞動的實踐，在世界各地正不斷試行錯誤並修正實行中。

類似這樣眾人共同擁有的模式在國外急速發展，但是在日本，連汽車共乘都尚未普及，反而是由企業主導的傾向較強。由企業投入資本，作為服務業的一環推展，這種方式是把各地區人們的需求、自主性放在一邊，只注意在可追求利潤的領域和地區。這類由企業主導的共享零工經濟都不是真正的共享經濟，可以想見，不論它看起來在地方上多麼普及，但如果利潤沒有提升，企業很容易會撤退。

大規模的購物中心無視地區居民的反對開設，缺乏利潤就退出，退出之後地區經濟和地區商店已被徹底破壞，這就和這種行為是一樣的。資本的邏輯與地區居民的需求和合作，調性不合。因此至少居民和勞動者大家能自主互相討論，一起共同管理地區的機制是必需的。

日本無法如同國外合作社般實行的根本理由，我認為應該是人與人之間缺乏信賴。

例如，就算是有住宅問題，如果公司有一千名員工，只要員工每人出資幾十萬日圓，就能自主建成公司住宅，這是做得到的事；非正式員工也同樣，只要召集數人，出資一萬日圓也好，兩萬日圓也行，共同租借一間空屋也並非不可能。但實際上這樣的行動很難促成。

如果在歐洲或是中南美，即使國家和企業什麼都不做，只要透過地區居民或勞動者集體合資，大家就可以自由發起、採取行動做出大家需要的事物。

例如，在西班牙有一個全世界最大的合作社——蒙德拉貢合作社。蒙德拉貢合作社遇到問題時，是由合作社社員出資，民主討論決定事業的經營和利益分配。不只蒙德拉貢合作社，西班牙國內有許多合作社，都以實際行動支持當地。

近年因為全球資本和企業的介入，西班牙國內的合作社也因為企業化、資本化而逐漸減少。但是，即便如此，仍擁有日本合作社無法比擬的數量和力量。

西班牙在二十世紀前半經過內戰，很多國民因為地區缺乏產業，生活窮困。因為內戰，沒有僱用機會，也沒有政府的社會保障，甚至有連貨幣也缺乏的地區。這個時候，是居民們大家一起討論整合，組織合作社以自行生產所需的商品和服務，開始依需求以物易物，分享資源。

西班牙擁有不依靠政府或企業，一邊自主民主討論、思考地區所需物資，並實踐執行的歷史。其實這種合作就是共有，是許多市民的力量，自主加入，並思考每個地區的需要。

日本幾乎沒有像這樣大家集結資金、嘗試實踐的氛圍。我最擔心的是，這種薄弱今後會更加波及到社會的各種層面。我認為這顯示出日本社會彼此的連繫已漸漸遭到剝奪。

過去日本不只有漁業合作社、農業合作社，還有信用金庫、醫療生活合作社、消費生活合作社等各種合作社，大家自行振興區域產業、追求生活的舒適、創造資源，也創造了僱用機會。

不僅靠自己供應自己產品，醫院、銀行的設立也由成員和地區居民出資。這樣的合作性在現在不只被市場化、資本化，也幾乎看不到新的合作社實行。

地區居民或勞動者的社會連繫喪失，所以他們會尋求政府和企業提出對策，明顯喪失自主行動並出擊的力量。當然，政府和企業也會因應地區，有限度地介入非營利事業，所以日本全國各地永遠會發生許多不符合人們需求的狀況。

對勞動合作社寄予期望

我在第五章中曾定位工會為可承擔社會責任的位置，但是我想日本工會的下一個課題是，能否轉型為道地的協同勞動組合（勞動合作社）。

所謂的勞動合作社是指，勞動者自行出資、建立並經營事業，事業所得利益透過成員民主合議，分配薪資。此外，事業目標不是要求利益最大化，而是盡可能朝向非營利營運所需要的機制。

在這個機制中，例如在高齡者照護設施不足的地區，由想解決這個問題的地區居民自行出資成立合作社。之後居民不只出資，還以合作社成員或勞動者的身分工作。工作所得利益不是由經營者或管理階層取得多數，而是依照討論原則分配利潤。所以參與照護的勞動者不是低薪資，而是可以依照工作狀況收到分配的薪資。

與歐洲、中南美或韓國等不同，日本雖然沒有制定明確的法律依據，但其實早在四十多年前就有這樣的勞動合作社組織。根據日本勞動合作社聯合會的日本勞動者協同組合連合會（勞協連）資料，在二〇一七年度時有二十八家勞動合作社，加盟了該聯合會，有照護、育兒、清潔、初級產業、青年支援等產業，同年度聯合會的事業營收為三百二十九億日圓。有就業工作的勞動者（組合成員）人數有一萬四千五百三十五人。

我以前曾訪察過福井縣越前市的「社會福祉法人越前自立支援協會」，這是公務員工會採用勞動合作社的機制成立的團體。社會福利法人設置費用的提撥、兒童養護設施「一陽」的設置等，都是由勞動者、地區居民自行出資合作進行。

自己一方面擔任兒童養護設施的職員，一方面規劃經營計畫營運。這些勞動者的薪資原則上全員同酬，而且這裡支付的薪資反而比全國一般同業設施高出許多。董事報酬幾乎不支付，在管理階層和員工一同工作的合作背景下，一直做到讓社福勞動者也能有高收入，全國各地都到此訪視。但談到能執行得這麼好的原因，一定要重視這個事業經營的公正性與特殊性。

現在日本在保育、育兒和照護設施工作的社福工作者，總體而言，不但得忍受低薪的高度勞動，在這樣的設施裡也無法給予入住者周全的照護，有時甚至還會違法拘束，這種虐待橫行的惡劣環境，可謂屢見不鮮。

但是會出現這種情況是因為若只由投入資本來經營設施的企業或社會福利法人等

來做，勞動者可能受壓榨，照護員工與入住者的人力配比要低，利益才能最大化。也就是說，這樣可以增加給股東和事業經營者的紅利或報酬，也可以事業內部保留使用。

但日本將這種經營方式視為營運安穩良好，並不重視分配利益給勞動者。更何況現在是連社會福利法人、非營利組織都要求經營合理化的時代。我想強調的是，要解決社福勞動者的苦難，希望在於實踐與合作社方式的結合。

如果由勞動者自己經營自己的設施，勞動者自己可以建立不妨礙營運的規劃，就沒有中間榨取的必要。如果遵循這種體制，入住者可以依厚生勞動省公告的公定價格支付費用，勞動者實際取得分配，也可以反映在對入住者的服務上，更不會陷入赤字危機，可以合理地經營設施。

溫故知新

但工會組織在不斷與資本對抗的過程中，終究也不可避免地會面臨疲累與弊病。

過去歷史上也曾有過一段時間的勞工運動鬥志盎然，但最後因疲累與弊病而走向弱化。可是，如果可自己打造工作的場所，自己管理生產與勞動，就有可能成為替代既有機制的方案。

集結有共同問題意識、利害或志向的人，打造自己可持續工作的場所，自己生產，從這一點來看應該也與農業協同組合（農協）和漁業協同組合（漁協）相同。他們被現在的政權稱為「反抗勢力」，或許對一般大眾而言形象不甚良好，但是守護產品的價格、執行農產品的進口規制等，在守護農民和漁民生活這點上並沒有改變，他們依舊負擔著重要的職責。

這意味著，日本的農民和漁民曾經為了守護自己的生活，擴大社會連繫，在合作中學習如何爭鬥，這些經驗對於幫助維護缺乏穩定僱用者的權利一定有所助益。以前的農村和漁村也像現在的棄民世代一樣，都是窮忙族，生存遭受威脅，大家都走向貧窮，大多數的人都擁有相同的痛苦經歷。在這之中，大家團結，民主對話，促進團體（合作社）的擴大。即便被既得利益者嘲諷，但原本就是為了互助的組織，互助後的力量強大，現在甚至對政治和政策也擁有極大的影響力。

我認為受困於結構的棄民世代可以承擔起責任，從這些前人互助的實例中找出解決問題的切口。

不論如何，愈了解愈覺得棄民世代所處狀況的嚴峻，為了翻轉這個狀況，這個世代必須負起職責促使日本社會產生重大的價值觀轉換。避免獨自一人受困於惡劣職場，找不到合作關係，遭到責任在己的責難，力量被剝奪。

遇到嚴苛的工作方式和環境時，除了利用工會或勞動基準監督署，只能在「改變職場」或為了在新職場找出希望而「離職」中二選一，我希望讓大家知道還有「第三條路」——還有共同「創造職場」的選項。

我想強調在當前環境下創造工作、創造僱用機會，不是遵循資本或企業理論，而是要參考合作社的例子。我希望的不是被榨乾取盡的棄民世代再去加重壓榨下一個世代，而是希望在合作中找到自己的容身之處。

我認為今天要在日本回復共有，不，是創造共有，是日本社會翻轉不可缺少的元素。被當作棄民的人靠自己取回力量，靠自己民主創造容身之處，我認為當達到這股反轉攻勢之時，也是日本社會恢復活力之時。

我期待被排除在既存機制之外的人們奮起，同時我自己，因為正是棄民世代的當事人，也想將此當成一生志業與大家一同向前奮鬥。

後記

我在新型冠狀病毒肺炎擴散的期間一直寫作。因為新型冠狀病毒的影響，以棄民時代為中心開始了裁員與不再續聘的動作。

這不禁讓我想起二〇〇八年雷曼金融海嘯的時候，當時也是棄民時代被企業「派遣中止」的方針擺布，成為了企業「僱用的調整閥」。為了企業、社會維持與存續，接受離職、轉職，忍受著困境。

我認為經濟危機一起，最先受到迫害、犧牲的多為非正式僱用的員工、還有我們這群被拋棄的世代。今後這個趨勢也應該會一直持續下去。

而且不只是棄民世代，日本人的生活也完全沒顯示出好轉的跡象。我也不認為政府有對此認真提出對策。

我這次是因為被問題多多的政府單方面強迫人生再造而想提筆寫作，希望能讓更多讀者理解政府的「作秀」演出，也希望讓大家共有受時代擺布的世代憤怒。

日本人並不擅於表達憤怒，對奇怪的事也不擅於提出異議。但像在法國，抗議與罷工頻頻，甚至敢走上街頭對政府和企業提出期望與訴求。

也因為如此，大家才能理解問題所在，對大家的憤怒有所共鳴，有機會思考社會應有的樣貌。另外，有參加抗議行動的經驗，才能與社會產生連結，才能視他人的痛苦為自身的痛苦，大家也才能產生共同的步調。

與這樣的國家比較，我發覺日本太少自主性的運動。沒有親眼見識過抗議，也沒有因有機會參加而受惠，所以我們擅於忍耐、忍受，最終只會束手無策。

不但如此，日本人反而常對敢提出意見、敢於提出異議的人，指責他們「任性」、「不懂得忍耐」。或許大家覺得提出意見需要勇氣，即便察覺有異，先靜觀其變才是身為大人的禮儀。出戰不是選項。

本書中描述的棄民世代一如我自始自終所說，象徵了由政府和企業等權力結構中心產生的犧牲。而且儘管是社會結構和僱用結構的問題，他們仍受到責任在己和個人缺乏努力的責怪。

如果是團塊世代之前的人，或許會和工會或市民運動合作，為了擁護權利或追究責任而起身抗爭。但棄民世代是連這些抗爭方法都被剝奪的世代。無處宣洩的憤怒不但不知該帶往何處，還要面對將自己逼到死角的人。

我不能再讓更多人失去生命，所以不但成立了ＮＰＯ法人，還持續從事諮詢支援的活動。雖然力量微薄，但是我認為只有這樣反覆實際去做，適當與憤怒衝撞，才能驅使社會動作。

如果透過這本書，能讓更多人從責任在己的咒語解脫，在人群中、組織中找到容身之處，透過與社會產生連結的活動出發，那就太好了。具體來說，我也期待大家理解和參加工會和合作社，如果能讓重新步入社會工作的人增加，情況應該也會好轉。即使政府持續採取棄民政策，我還是希望我們加強彼此的連結，不要忘記互助合作的精神，一起活下去。

最後，這次的著作也受到許多人協助，大家都是擁有共同問題意識與憤怒情感的夥伴們。其中特別感謝採訪記者古川琢也先生、SB Creative株式會社學藝書籍編輯部的渡邊永樹先生。

兩位同是棄民世代出身的前輩，同樣歷經了轉職、工作不穩定，也是受時代擺布的同伴。正因為如此，對彼此知之甚深。

採訪記者古川先生的採訪、寫作經驗與編輯經驗豐富，我從中得到很多具支持與佐證的建議和助力。他也協助我採訪，彙整出只有我自己無法傳達出的意見與想法。如果缺少他優秀的協助，我絕對沒有辦法完成這部著作。

編輯者渡邊先生與古川先生一樣，因為有他熱切的想法、建議與指導，才能完成這本著作。透過他的細心編輯，替我填補許多不足的地方，他的聲援成為我寫作的動力。我希望從今天開始持續加強與棄民世代同伴的合作。

國家圖書館出版品預行編目 (CIP) 資料

棄民世代：當國家拋棄我們，我們該如何面對未來？/ 藤田孝典著；黃姿頤譯 . -- 初版 . -- 臺北市：如果出版：大雁出版基地發行，2021.08

面； 公分

譯自：棄民世代：政府に見捨てられた氷河期世代が日本を滅ぼす

ISBN 978-986-06989-0-9(平裝)

1. 社會 2. 社會問題 3. 日本

540.931 110013019

棄民世代：當國家拋棄我們，我們該如何面對未來？

棄民世代：政府に見捨てられた氷河期世代が日本を滅ぼす

作　　者——藤田孝典
譯　　者——黃姿頤
編　　輯——張海靜
封面設計——萬勝安
行銷業務——王綬晨、邱紹溢
行銷企劃——曾志傑
副總編輯——張海靜
總 編 輯——王思迅
榮譽顧問——郭其彬
發 行 人——蘇拾平
出　　版——如果出版
發　　行——大雁出版基地
地　　址——台北市松山區復興北路 333 號 11 樓之 4
電　　話——02-2718-2001
傳　　真——02-2718-1258
讀者傳真服務——02-2718-1258
讀者服務信箱 E-mail——andbooks@andbooks.com.tw
劃撥帳號——19983379
戶　　名——大雁文化事業股份有限公司
出版日期——2021 年 8 月 初版
定　　價——320 元
I S B N——978-986-06989-0-9

歡迎光臨大雁出版基地官網
www.andbooks.com.tw
訂閱電子報並填寫回函卡

如果